Wie heute von Gott reden?
Die Bibel als Glaubenshilfe

Hermann Seifermann

Impressum:	**Wie heute von Gott reden?**
	Die Bibel als Glaubenshilfe
	von Hermann Seifermann
Herausgeber:	Klaus P. Fischer
	3. Auflage 4. April 2013
(Hrsg.) V.i.S.P.	Adlerstein Verlag
	Wacholderstr. 26
	26639 Wiesmoor
Tel.:	04944-5815
Fax:	04944-5839
Email:	kontakt@adlerstein.de
Homepage:	www.adlerstein-verlag.de
Foto:	"Tribe of Levi" von Marc Chagall
	Hadassah Hospital, Ein Kerem,
	Jerusalem, Israel, wikimedia.org -
	Version vom 31.10.2010 (Mrbrefast)

Herstellung und Verlag: Books on Demand Norderstedt

ISBN-Nr.: 9783732235216

Vorwort

Diese kleine Schrift ist ein Entwurf zum Thema „E r e i g n i s ", entstanden im Wintersemester 1986/87 an der Katholischen Universität Eichstätt, Fakultät für Religionspädagogik / Kirchliche Bildungsarbeit (FH) Abteilung München.

Ausgangspunkt war die bedrängend aktuelle Frage: Wie heute von Gott reden? Es ging also um die Erkundung eines neuen Weges und einer Neuorientierung unserer Gottesrede. Diese Unternehmung führte zu den Quellen, letztlich zur Bibel.

Hermann Seifermann
Oratorium des hl. Philipp Neri,
München

Zum Autor

Hermann Seifermann, geboren 1925 in Neusatz (Bühl, Mittelbaden), seit 1959 Oratorianer in München, lehrte – nach Zusatzstudien u.a. in Tübingen und Jerusalem – zunächst am Münchner Institut für Katechetik und Homiletik, anschließend bis 1990 an der katholischen Stiftungsfachhochschule in Eichstätt „Exegese des Alten Testamentes und Didaktik des Bibelunterrichtes".
Darüber hinaus engagierte er sich jahrzehntelang in bibeltheologischer Erwachsenenbildung, u.a. in Freising, Neustadt (Weinstraße), Würzburg-Himmelspforten und auf Burg Rothenfels. Die Nachfrage nach seinen Kursen war bis vor wenigen Jahren – die nachlassende Gesundheit erzwang deren Einstellung – ungewöhnlich hoch und erstreckte sich oft über alle Altersgruppen. Anziehend empfanden viele Hörer seine Eigenständigkeit und Originalität in der Forschung wie im Vortrag, und allen – auch manchen Fachleuten – erschloss er die Bibel überraschend neu und tief. Fernab der häufigen, in entlegene Stoffe und Spezialthemen verliebten, akademischen Gelehrten-Distanz ging es Seifermann stets um die Mitte des Glaubens, um die Entdeckung Gottes in der Bibel und um die ´Buchstabierung` der Zugänge zu Gott in Glauben und Handeln mittels biblischer Spurensuche und Wegweiser, nicht zuletzt auch um die Brücken zwischen Erstem Testament und Neuem Testament. So half Seifermann vielen Suchenden für den persönlichen Glauben, für Glaubensgespräche, Predigt und Unterricht. Viele Jahre lang brachte er seine Erkenntnisse in biblischen Predigten (Homilien) zudem der Gemeinde an St. Laurentius in München nahe.

Vorliegende kleine Schrift, ein Entwurf zum Thema ´Ereignis`, wurde im Wintersemester 1986/1987 an der Fachhochschule Eichstätt vorgetragen. Wie heute von Gott reden? Um diese auch heute wieder aktuelle Frage mühte sich Seifermann bis zuletzt, angetrieben durch zahllose Gespräche und Erfahrungen in der Seelsorge. Ihm war klar: diese Frage machte Grabungen an den Quellen nötig: an den biblischen Zeugnissen. Aus ihnen ergibt sich etwa, dass Gott weder einfach ist noch nicht ist, sondern (gemäß Mk 10,27) begegnet, indem ER sich als der oder das Unmögliche *ereignet* und Menschen zu unmöglichem (nicht für möglich gehaltenem) Verhalten antreibt.

Für die Hörer seiner Kurse ist Seifermanns Vortrag ein willkommener Grundriss wesentlicher Einsichten, wie er sie gewöhnlich in und aus dem Studium zentraler biblischer Texte entwickelte. Doch dürfte er auch für jene, die Seifermann zum ersten Mal in Buchform begegnen, viele Anregungen enthalten. Auch Unkundige können die Erfahrung zahlreicher Erst-Hörer machen: manche Einzelheit verstehen sie nicht auf Anhieb; doch erfassen sie die Spur des Gedankengangs, sodass mit fortschreitender, aufmerksamer Lektüre (einem inneren Hören!) sich die Gewissheit einer unverhofften Bereicherung einstellt.

Kurz vor Erscheinen dieser Vorträge, deren Veröffentlichung er bejahte, ist der Autor verstorben.

Für technische Mithilfe bei der Vorbereitung dieses Vermächtnisses für die Drucklegung sei Agnes Bohlen (Schmelz) und Agathe Strohmayer (München) herzlich gedankt.

Der Herausgeber

Inhalt   **Seite**

Einführung   15

Das Menschwesen im Alten Orient   17 ff
    'ādām

    Fleisch   19

    Trieb   20

    Herz   20

    homo scientificus   20
    homo technicus   20
    homo oeconomicus   20
    homo industrialis   21
    homo politicus   21

Das E r e i g n i s -
der unvorhergesehene Fall   23

    Situation   23
    die Vielen   23
    plötzlich   23
    nicht berechenbar   25

sitzen in einem Boot, angehen,	27
angehen lassen zuwenden	28
aus sich heraustreten,	28
sich aufeinander verlassen,	28
einander annehmen	29
einander gehören, eins werden	29
einander vertrauen	29
Etymologie von trauen	30
Leben	33
im Abstand ein Verhältnis	38

Erste Phase der Situations-bewältigung:	41
einander annehmen	41
Hauptperson	41;43;52
Kind	44
Innen, Innigkeit	49
Hauch	49
Mehr	55;55;103
apodiktisch	51
Gesetz	51
Eigner	53
hochgestellt	55
niedrig	55

Zweite Phase der Situationsbewältigung: 59
    miteinander beraten,
    was zu unternehmen wäre

    miteinander 59
    Volk 59
    König 61
    verbindlich 63
    Rede 63
    Genossen 65
    Meister 67
    Weltzeit 69
    groß 71
    Wunder 72

Dritte Phase der Situationsbewältigung: 73
    technische Durchführung
    des beschlossenen Plans

    Erfolg 76
    Herr 74
    Walter 77
    Befehl/Gebot 78
    Knecht/Ausführender 78
    stark 81
    schwach 81

Vierte Phase der Situationsbewältigung: 82
    Ausgleich schaffen

    Ausgleich 82
    gönnen 85
    Vater 89
    Weisung 89
    brüderlich/schwesterlich 90
    bedürftig 91
    gut 92
    Hirte 96

    Anderheit, Mehr 98
    Hauch des Lebens 99
    das unbedingt Angehende,
    'ēl, Gott 100
    Heiligung, heilig 102
    Erscheinung 105
    Mann/Frau 105
    richten 106
    David 106
    Geist 108

Verzeichnis der hebräischen Wörter 109
Schriftstellenverzeichnis 113
Tabelle zu „Entwurf von Ereignis" 117

Einführung

In erschreckender Weise erleben wir in unserer sogenannten Moderne - in Wissenschaft, Technik, Industrie, Wirtschaft, Politik und auch Kunst -, dass das, was eine ganze große Epoche lang selbstverständlich war, einfach aus dieser unserer modernen Welt verschwindet: nämlich GOTT.

Zwar sagt man, es sei in dieser Zeit der Gottesferne auch schon wieder eine weitverbreitete Gottessehnsucht zu erkennen (Esoterik), aber sie weiß sich noch kaum gültig, allgemeingültig zu artikulieren. Woher kommt das? Liegt es etwa an der den genannten Feldern menschlichen Betriebs eigenen Struktur mit ihrem jeweiligen Sachzwang? Oder haben wir vielleicht in unserem Reden von Gott, schlicht gesagt, die Zeichen der Zeit noch nicht erkannt? Reden wir etwa unbeirrt noch immer in der Sprache der vergangenen Epoche von Gott? Es scheint so!

Dann aber heißt die Grundfrage: „Wie heute von Gott reden?" Es ginge dann um eine grundlegende Neuorientierung unserer Gottesrede heute. Der einzuschlagende Weg hieße dann: zurück zu den Quellen, anthropologisch, theologisch, geschichtlich – mit einem Wort - biblisch! Diesen Weg wollen wir erkunden.

Das Menschwesen im Alten Orient

Dazu ist es unerläßlich, dass wir die **Ausformungen des Menschseins** in unserem Kulturkreis, im Alten Orient **in der Umwelt des späteren Israel** in den Blick nehmen. Betrachten wir also zunächst die vorherrschende Weise der Daseinserfahrung im staatlich geprägten Alten Orient:

Wir sind in Mesopotamien *Gen 11,27ff: „Tarach zeugte Abram, Nachor und Haran. Und Haran zeugte Lot. ²⁸Haran starb unterm Angesicht seines Vaters im Land seiner Geburt, im chaldäischen Ur ... ³¹ Tarach nahm Abram seinen Sohn und Lot Sohn Harans seinen Sohnessohn und Sarai, seine Schwiegerin... sie zogen mitsammen aus dem chaldäischen Ur, ins Land Kanaan zu gehen. Doch als sie bis Ḥaran kamen, setzten sie sich dort fest,* in einem Staat, einem Staatsgebiet also mit Städten, einer Hauptstadt, einem Machtzentrum, so Ur, so Ḥaran. Für Ägypten gilt dasselbe: Staat, Städte, Welthauptstadt, Machtzentrum, Menschwesen 'ādām, Religion: bá'al. Unsere Erzählung handelt von einem Abraham, der kommt aus Ur in Chaldäa, das liegt im südlichen Mesopotamien, Zweiströmeland; Chaldäa ist ein anderes Wort für Neubabylon. Also Babylonien wäre da in der Nähe, benannt nach der Stadt Babel/Babylon am Euphrat, der Hauptstadt des Landes, dann die Stadt Ur am Unterlauf des Euphrat, dann am Tigris Assur und Ninive, das sind uralte Städte. Anmerkung: Das heutige Bagdad ist eine neue, moderne Stadt am Tigris, nicht am Euphrat.

Unsere Erzählung sagt, der Abram sei von dort gekommen zusammen mit seinem Vater Tarach und seinem Bruder Nachor und einem gewissen Haran und sei dann aufwärts gezogen, und da oben in Ḥaran hätten sie Station gemacht, da hätten Nachor und Abram sich Frauen genommen, dann sei Tarach, der Vater, gestorben, und dann sei Abram von dort mit seiner Frau Sarai nach Kanaan gezogen.

Ausgehend von der Bibel sind wir also hineingetaucht in einen Zusammenhang bestimmter geographisch-kulturell-religiöser Art. Fragen wir nach dem „**Menschwesen**", so wird es gefaßt mit dem Namen **'ādām**, Weltenherrscher. Fragen wir nach der Religion, so ist es die báʻal-Religion. 'ādām heißt „der Mensch". Indem wir sagen „der Mensch", ist schon klar geworden: Das ist kein Eigenname, kein Individuum und dessen Eigenname. Es ist die Gattung Mensch, aber die Gattung Mensch politisch verfaßt.

'ādām ist ein Titel für den Großkönig des Reiches des Alten Orient in Mesopotamien, Babel-Assur, aber auch in Ägypten. Jeder Pharao ist ein 'ādām. Es ist im Holzschnitt eine unglaubliche Rune. 'ādām ist ein Name im Sinn von Titel und als Titel ein Programm, eine Herausforderung, ein Entwurf.

'ādām ist ein führender Begriff im Mythos der Staaten des Alten Orient, auch in der Bibel bis ins NT: Wenn wir reden vom Menschensohn, ist es der Sohn des 'ādām, Menschensohn, einer von 'ādām-Art.

Zunächst: Es gibt nur einen 'ādām, nur einen Pharao, daneben gibt es prinzipiell keinen zweiten.

Es gibt auch neben dem Pharao keinen Großkönig von Babel-Assur, denn da ist ja nur der Titel verschieden. Beide sind 'ādām, aber im Prinzip, im Konzept, im Entwurf gibt es nur einen. Und damit ist von vornherein schon angedeutet: Konkurrenz und Feindschaft sind im Programm. Koexistenz gibt es nur, solange der eine nicht die Macht hat, den andern auszuschalten.

Wer ist dieser 'ādām? Ihm obliegt es, das Reich zu regieren. Nach dem Mythos, dem wir das entnehmen, bedeutete das Wort 'ādām früher nicht viel, es war ein Wort. Dann aber, so heißt es im Mythos, waren der Menschen zu viele geworden, das Land konnte sie nicht mehr ernähren. Da schlossen sie sich zusammen und gründeten die Stadt - das ist in der Sache der Staat -, um in gemeinsamer Anstrengung, in Parallelschaltung aller Kräfte, die Güter aus der Erde zu holen, um die Vielen am Leben zu erhalten.
Viele sind, Nahrung ist nicht da, da erfolgt der Zusammenschluß, das ist die Stadt, das Organisationsgefüge zur Beschaffung der Güter zum Überleben, d.h. gegen den Tod.

Dem Menschen, 'ādām, geben wir zunächst drei konkrete Nennungen:
- Er ist markiert durch bāśār, **Fleisch**. Die Erfahrung, die sich in diesem Wort gesammelt hat, heißt: Mensch ist von vorn herein und durch und durch angewiesen auf Hilfe. Das ist beinahe wie eine Erklärung, eine Identität des Mensch-Wesens. Wer sich darauf einläßt, kann nicht neutral bleiben, er bekommt Affekte, Emotionen.

- Derart bedürftig zu sein ist der Motor für den **Trieb**, næfæš. Wir sprechen jetzt im guten, besten Sinn des Wortes: Lebenstrieb, meist übersetzt mit Seele. Gemeint ist der Trieb des leiblichen, natürlichen Wesens.
- Mit dem Wort lēb, **Herz**, Verstand, Intelligenz wird ebenfalls die ganze Identität des Menschen erfaßt. Es beschreibt das Vermögen, verstehend einzudringen ins andere, beinahe bis zur Empathie. Der Mensch vermag dahinterzukommen, wie die Dinge funktionieren, er kann erkennen das Ursache-Wirkungsprinzip in den Verläufen der Natur.

Dabei gilt: ʼādām ist nicht gleichzeitig Fleisch und Trieb und Herz, sondern er ist von Fall zu Fall eines davon und das ganz (also kein Aufspalten in Sektoren wie im griechischen Denken: Dichotomie, Trichotomie).

Der ʼādām geht nun an die Natur heran
– und zwar als einer, der die Naturgesetze studieren muß, er muß wissen, wie etwas funktioniert, er wird selbstverständlich zum Naturkundigen, Naturforscher, Naturwissenschaftler, Entdecker: **homo scientificus**.
– Die Anwendung: Der ʼādām kann, die Natur benützend, die Dinge der Natur besser machen. Er kommt dahinter, wie man Steine schichtet, eine Mauer baut, er wird Maurer. Er kommt dahinter, wie man die Hebelgesetze anwendet, er wird zum Konstrukteur, zum Techniker: **homo technicus.**
– Die Produktion von Gütern: Der ʼādām wird zum Wirtschaftler, zum Ökonomen, zum Produzierer: **homo oeconomicus**.

– Er lernt, wie man dies und jenes gleichschaltet, zusammenschaltet, wie man viele Menschen zusammenspielen läßt, er wird zum Organisator. Die Zentrale, von der aus die vielfältigen Unternehmungen koordiniert werden heißt im Griechischen polis, wir sagen Stadt. Das Unternehmen heißt politeia. Der Mensch 'ādām ist von Grund auf **homo politicus**.

– Wer sich aber einläßt mit der Natur, der merkt: Die Natur als Natur macht keine Pause, Natur ist fleißig, Natur ist emsig, Natur ist industrialis. Der Mensch, der sich so einlässt, wird automatisch zum **homo industrialis**.

Mit diesen fünf markierenden Ausdrücken ist das Wesen des 'ādām erschlossen.

Schon 4000 v.Chr. wurde das bewußt. Der Mensch muß sich anpassen an dieses Gefüge der Natur, das ist gebieterisch.

Das Wort 'ādām macht eine Szene, ist ein Programm. Der, der es verkörpert, hat darin aufzugehen. Er muss Wissenschaftler, Techniker, Wirtschaftler, Politiker sein - und all das ohne Pause.

Im 'ādām-System, im Staatssystem ist von Gott nicht die Rede. Ganz anders im nichtstaatlichen Bereich, im Bereich der Stämme, dort herrscht eine eigene Kultur. Von ihren Gotteserfahrungen erzählt die Bibel. Diese Berichte können uns – intensives Studium vorausgesetzt – vielleicht helfen, auch für uns Heutige verständlich von Gott zu reden.

Denn jeder Mensch hat Gotteserfahrung, nur ist es nicht wahr, dass jeder Mensch, der Gotteserfahrung hat, sie auch bewußt hat und in Worten hat. Wir wollen also versuchen, den Gotteserfahrungen nachzuspüren, die in der Bibel zu entdecken sind.

Das Schlüsselwort heißt Ereignis. Auch 'ādām ist dahinein verstrickt, weiß aber keinen Ausweg. Seine Reaktion ist „rette sich, wer kann". Wie aber bewältigt der Mensch der vorstaatlichen Kultur das Ereignis?

D a s   E r e i g n i s - der unvorhergesehene Fall

Das Ereignis, die Gelegenheit, einmalig und unwiederholbar, die da ist, jetzt, nicht vorher war und nicht nachher ist, das nennt man „Situation". Wir wollen das Phänomen ein bißchen auffächern in deutschen Vokabeln:

„Situation", „Gelegenheit": Da ist etwas passiert, plötzlich, und betroffen sind „die Vielen". Da weiß man plötzlich nicht, was man tun soll. Das Wort „plötzlich" ist ein typisches Wort für das, wovon jetzt die Rede sein muß. Das war vorher nicht, ist nachher nicht, ist „plötzlich". Plötzlich ist etwas passiert, unvorhergesehen und zuletzt und zutiefst prinzipiell nicht vorhersehbar. Die Deutschen haben dafür den Ausdruck im Nu, im Nu war das und das so und so, unversehens. „Zufällig" nennt das Hilflose im Menschen den Zufall, „der Zufall hat's gewollt", ich konnte es nicht in der Hand behalten. Zufällig, plötzlich, im Nu, unversehens, augenblicks.

Der 'ādām hat all diesen Wörtern den Krieg erklärt, er mag sie nicht. Es soll nichts zufällig passieren. Es soll nichts plötzlich passieren. Es soll nichts unversehens passieren. Es soll nichts augenblicks passieren. Er will alles im Vorhinein planen und berechnen, entschärfen.

Das geht so weit, daß alle Großreiche Alten Orients an der Stelle, wo halt dann doch etwas zufällig geschah oder plötzlich, unversehens, augenblicks, unableitbar, unkontrollierbar etwas passierte, auf alle Weise mit einem Höchstmaß an Technik probiert haben, das zu entschärfen. Wenn z.B. „plötzlich" ein Vulkan oder ein

Feuer ausbrach, dann hat man sich erinnert an Dinge, die da drumherum beobachtbar waren. Sehr verkürzt: Da flogen doch vorher die Krähen vorbei, da haben doch vorher die Hunde sich so seltsam benommen. Als der Zeppelin damals verbrannte, im Nachhinein wußte man es: Da haben die Hunde an Bord sich so komisch benommen, schon als er startete. Vogelflug also, der seltsame Vogelflug. Da war doch beim Opfern der Tiere die Leber so komisch. Wir kennen die klassischen Beispiele. Also haben die Kundigen das festgeschrieben: Wenn die Leber so ausschaut, wenn die Krähen so fliegen, dann ist das wahrscheinlich ein Begleitumstand dessen, was dann passiert. Also unternimm, wenn die Leber so ausschaut bei den Opfertieren und wenn die Vögel so fliegen, bei der Gelegenheit das und das nicht, es möchte das und das passieren. Man versucht also das "plötzlich" zu entschärfen, das „im Nu", das „augenblicks", das „zufällig". Man will es entschärfen, in die Berechnung kriegen, man weigert sich, „plötzlich" anzuerkennen. Jeder anständige normale Wissenschaftler von heute ist darauf verpflichtet. Er muß alles vorausberechnet haben, das verlangen wir von ihm. Er darf kein Risiko eingehen, man denke an die Raumfahrt, aber auch an andere technische Unternehmen, das ist unzulässig. Es muß durchberechnet sein bis zum letzten, es kann nicht den Zufall geben, der dann die Katastrophe bringt. Wir müssen die Ernsthaftigkeit dieses Bestrebens sehen! Die 'ādām-Typen, so sagt man, kannten das, was man nennt „Augenblick", also „Geschichte", Situation, das ist ja Geschichte. Aber sie haben sich geweigert, „Augenblick", „Ereignis", „Geschichte" anzuerkennen.

Sie haben auf Vorsicht gesetzt, um nicht zu sagen auf „Vorsehung" gesetzt. Und drum ist der ganze Alte Orient, nebenbei gesagt, letztlich geschichtslos geblieben. Es gab nur Naturgeschichte, und die Menschengeschichte wurde reduziert aufs Phänomen "Naturwesen Mensch". Es gab nur Natur-Geschichte, nicht eigentlich Geschichte, deswegen auch keine Geschichtsschreibung, weil man nicht anerkannte das Unwägbare, Ungreifbare, Plötzliche, Zufällige von Situation, von „Ereignis". „Ereignis" ist einmalig, unwiederholbar, nicht berechenbar, macht betroffen.

Damit sind die einschlägigen Wörter genannt: plötzlich, im Nu, augenblicks, zufällig, unversehens, unableitbar, auch unvermittelt gehört hierher, dann Situation, Ereignis, Gelegenheit. Betroffen sind davon „die Vielen". Merken wir uns die Wörter gut, es sind biblische Begriffe!

Angesichts einer Notlage läge es zunächst nahe, sich zusammenzuschließen und in gemeinsamer Anstrengung unter Parallelschaltung aller Kräfte zu versuchen, die Not zu beheben. Dabei mag es dann sein, daß das, was da so gleichgeschaltet kollektiv miteinander arbeitet, seine Sachen gemacht hat, zerbricht in das, was die Schrift nennt „die Vielen", rabbīm, das sind in Parzellierung, in Isolierung die Einzelnen, die sich, jeder für sich, normal 'ādāmhaft verhalten und nur den eingangs schon erwähnten Ausweg sehen: „Rette sich, wer kann". Also kein Zusammenschluß zum Heil aller! Man kann also sagen: 'ādām, der schon Zusammengeschlossene, zerfällt, wenn etwas passiert, in die „Vielen".

Eine Stadt brennt: Zusammenstehen und löschen, die Feuerwehren und alle halten zusammen, oder schnell seine Sachen holen und abhauen, wenn man sich davon noch eine Chance verspricht: Rette sich, wer kann. Und am Ende ist nichts mehr drin: Da sind sie alle abgehauen, jeder mit seinem Bündelchen, und dann merken sie: hoffnungslos. Jetzt muß es durchgespielt werden: Schock, Panik, Resignation, Selbstmord. Eins wissen wir: Das ist keine Lösung. Dann ist "Situation" nicht gemeistert, nicht bestanden.

Soweit sind wir aufmerksam geworden auf Situation, auf Ereignis, das Plötzliche, aber wir haben gemerkt: 'ādām als 'ādām ist dem nicht gewachsen: Er ist nicht gerüstet, mit "Situation" letztlich und wirklich fertigzuwerden. "Ereignis bestehen", das kann er nicht. Einmaligkeit gelten zu lassen, das kann er nicht. Und so kommt es nun, wenn ihm das so passierte, das Unvorhergesehene, Plötzliche, im Nu, augenblicks, zufällig, daß dann so viele Male Menschen verzweifelt zugrundegingen.

Wir merken: Da wäre zwar ein Einbruch von Anderem, aber der Mensch ist nicht capax, nicht fähig, er faßt das nicht, er kann das nicht, er kann damit nicht zurechtkommen. Dann wissen wir zwar, es wäre noch etwas, aber es kommt nicht zum Zug. "'ādām" ist die einzige Lösung, und wenn 'ādām funktioniert, ist es gut, wenn nicht, dann ist Verzweiflung, Verbitterung, Sarkasmus.

Jetzt, aber erst jetzt muß von einer noch einmal anderen Möglichkeit die Rede sein, eben jener Möglichkeit, die dem gemäß ist. Es gibt eine Reaktionsweise, eine

Reaktionsgestalt des Menschen, der Vielen, auf Situation und Ereignis, auf Einmaliges, Unwiederholbares, Plötzliches, auf "Augenblick", die ist beschreibbar. Sie war nur beim 'ādām-System nicht gefragt. 'ādām war nicht darauf eingeübt. Welcher Art ist diese Reaktionsform?

Nun kommen Wörter, die sind zum Bedenken, die sind nicht logisch zwingend. Sie sind zum Bedenken, Ertasten. Zum Erinnern: Ja, das gibt es, ja, das kenne ich, das soll ich jetzt ins Bewußtsein heben und behalten. Davon lebt Bibelsprache!

Betroffen von Situation sind die Vielen. Da gehen wir uns einander an. Da sitzen wir in einem Boot. Plötzlich sitzen wir alle miteinander in einem Boot, wir gehen einander an.
Diese Möglichkeit, die, wenn sie auch nur einmal vorgekommen sein sollte, auch nur einmal vorkommen könnte, für uns zur Verhandlung steht, das ist - nur schnell sei es angedeutet - die Einlaßstelle Gottes, nicht bá'als. Beschreiben wir das Phänomen: in einem Boot sitzen und das anerkennen, das heißt: einander angehen - und jetzt die feine Stufung: - und angehen lassen. Das ist innen drinnen ein Ruck. „Sich einander angehen" ist noch in der Situation: Wir gehen uns einander an. Aber dann ist es ein Ruck: Und das zugeben, angehen, sich angehen lassen! Man muß viel um das herumgespielt haben aus eigenem Erinnern, um ganz genau zu wissen: Ja, das kenne ich.

Wir dürfen diese Wörter nicht nur als Wörter hören, sondern müssen dabei eine sinnlich vollziehbare Gestalt herausklären.

Also: Wenn da zwei, drei, vier sind und ich gehöre dazu, und es ist plötzlich etwas passiert und wir spielen nicht Rette-sich-wer-kann, sondern „gucken uns umeinander an", gehen einander etwas an, dann wenden wir uns, ohne lang überlegen zu müssen, rein äußerlich denen zu, kehren uns zu. Das ist die sinnenhaft faßliche Gestalt des Sich-einander-Angehens! Also: Wir gehen uns einander etwas an, wir wenden uns einander zu.

Wenn ich in diesem Zusammenhang mich dem andern zuwende, dann bin ich nicht nur physisch äußerlich denen zugewandt: Man geht auf einander zu, ich bin offen für sie. Ich bin offen! Wenn ich sage: „Ich bin offen für die", dann heißt das: Ich eröffne mich für die, die sind offen für mich, eröffnen sich zu mir her, dann meine ich meine Existenz, mein Wesen. Jetzt reden wir von etwas, das kannst du nicht messen und nicht wägen, hat mit Physis nur äußerlich etwas zu tun. Ich wende mich denen zu, ich kehre mich denen zu, die gehen mich etwas an, wir gehen uns etwas an.

Nun kommt wieder eine verrückte Redeweise. Da treten wir aus uns heraus. Sobald wir diesem Wort nachhören und auf der physischen Verstehensebene bleiben, da ist es Unsinn.
Aber so sagen wir! Wir haben die Sprache gefunden: Wir wenden uns einander zu, wir eröffnen uns füreinander, wir treten aus uns heraus.

Es kommt noch unsinniger: Wir verlassen uns auf-einander. Wenn man versucht, in physischer Form das zu vollziehen, dann ist auch das wieder Unsinn, das geht nicht.

Aber so sagen wir! Was geht da vor mit mir in Situation, plötzlich, im Nu, unversehens, augenblicks, zufällig! Was geht da vor mit mir?

Wir gehen einander an, wir treten aus uns heraus, wir verlassen uns aufeinander.
Der nächste Schritt heißt, eben damit: Wir nehmen einander an - (nehmen hebr. lāqáḫ) was das für ein Akt ist! - und zwar über alle Klassen weg, über alle Unterschiede weg so, wie der andere ist. Wir sind zurückgefallen auf eine Nummer, in der wir alle gleich sind.

Nächster Schritt: Wir gehören einander. Ergebnis: Wir werden eins. Viele werden eins. Viele werden eins - das ist im Sinne der Logik des 'ādām verrückte Redeweise, Spinnerei, Phantasie. Aber der Wissende, der, der die Erfahrung gemacht hat, weiß, daß das wahr ist. Wenn Viele eins werden: Was ist eins? Das geht nicht auf die Waage, das geht nicht ins Meßband, nicht in die Ziffer von Maß und Gewicht. Das weißt du lediglich in der Erfahrung.

Dass alles insgesamt - da sitzen wir in einem Boot, wenden uns einander zu, öffnen uns füreinander, treten aus uns heraus, verlassen uns aufeinander, gehören einander, nehmen einander an, werden eins - heißt: Wir vertrauen einander. Das ist nun ein Kapitalwort: vertrauen, hæ'ᵆmīn trauen, Hauptwort: 'ᵆmæt, Treue des Herrn, 'ᵆmūnāh, Treue des Knechts - Trauen, Treue.

Die Betroffenen - 'ādām zerbricht in Viele! - rennen nicht auseinander (rette sich, wer kann), sondern werden eins. Und das, was dieses Einswerden erbringt, das, wovon das Einswerden die Frucht ist: Trauen aufeinander, trauen einander.

hæ'ᵆmīn, trauen, ist das Nennwort für diesen unerhörten Vorgang anthropologisch-theologisch. Ein ziviles Wort wäre „wagen". Wagen wir's miteinander. Nicht Risiko, Risiko wäre dort, wo meine Berechnungen nicht ganz stimmen, aber na ja, es wird schon gut gehen. Aber das hier, das Wagnis, wird uns abgefordert im Ereignis, im Plötzlich, im Nu, im Unversehens, im Unausweichlichen dessen, was da passiert ist. „Sich stellen" ist noch so ein Wort gewesen: sich stellen, gestellt werden, sich stellen lassen.

Die E t y m o l o g i e , die Worterklärung des deutschen Wortes „trauen", deckt genau den Sachgehalt des hebräischen Begriffs. Wenn man im etymologischen Wörterbuch das Wort „trauen" nachschlägt, kann man lesen, das sei dasselbe wie „treu" - so weit noch abstrakt - und dasselbe wie „tree", der Baum (englisch), dasselbe wie „dory", der Baum (griechisch):
    tr auen
    tr eu
    tr ee
    <u>d</u>o<u>r</u>y

Beschreiben wir die Sinngestalt: Was sehe ich bei diesem Baum, wenn ich ihn „dory" nenne, wenn ich ihn „tree" nenne? Etwas anderes, als wenn ich ihn „Baum" nenne: Da sehe ich, daß da Stange ist und Stangen sind: „beam", Balken.

Wenn ich ihn „tree" nenne, „dory" nenne, dann sehe ich, daß da ein Riesengebilde ist, und das hat da unten Wurzeln, ist festgemacht als Lebendiges, „verwurzelt". Wer „dory" sagt und „tree" sagt, der sieht an dem Baumgebilde die Verwurzelung und nicht die Stangen, die Äste. Wir haben also eine Linie von „dory" zu „tree", zu „treu" und „trauen".

Was ist also „trauen"? In der Situation der Entwurzelung - rette sich, wer kann - nicht entwurzelt werden, sondern sich verwurzeln. Worin?
In „eins", in „uns", in „wir", im Trauensverbund. Es geht hier um die Verwurzelung im Augenblick höchster Gefahr der Entwurzelung. Das ist der Trauensakt. „Trauen konkret" wäre also ein Verwurzeltwerden, Sich-Verwurzeln-Lassen, Verwurzeln, und dem andern erlauben, daß er sich in mir verwurzelt. Und die Treue? Die Treue meint nichts anderes als sich bewähren als Wurzelgrund: Der andere kann auf mich setzen, ich bin ihm wer, in dem er einen Wurzelgrund hat, sich festmachen kann als Lebendiges, das er ist.

Das ist jetzt ein Musterbeispiel gewesen dessen, was wir lernen müssen: Sprache wieder neu lernen. Es geht heute bei diesem Beispiel eine Stufe tiefer im Sprache-Lernen: nicht nur das Wort „Seele" wieder zu „Trieb" hinbinden und das Wort „Herz" wieder zu „Verstand" hinbinden, sondern eine Stufe tiefer:
Die Sinnlichkeit, die sinnlichen Gestalten der Vollzüge wieder entdecken: „trauen" heißt nicht „für wahr halten"; trauen, glauben, heißt: in höchster Gefahr der Entwurzelung sich einlassen auf andere und in denen Grund finden zum Stehen.

Das ist das, was Eltern per Beruf ihren Kindern ermöglichen müssen. Ein Kind soll geführt werden zum Vollzug des Urtrauensakts. Ein Kind soll ständig und ständig in seinen Mini-Gefahren, wie wir meinen, in Wahrheit Größt-Gefahren, wie es selber es fühlt, ständig und ständig das Zuflucht-Nehmen lernen: aus sich heraustreten, sich verlassen auf, und so den Treue-Grund finden, das Urvertrauen. Dieses Wort hæ'ᵅmīn, trauen, ist diese wunderbare zentrale Vokabel in der Bibel. Es gibt keinen feineren Vollzug des Lebens nach der Schrift als den Vollzug des Trauens!

Jetzt ist die Frage: Auf wen traue ich da? Auf dich? Auf wen traust du da? Auf mich? Ja, wer bin ich denn, ja, wer bist du denn? Bist du nicht von den Vielen einer - rette sich, wer kann, 'ādām, Berechnung, Egoismus? Ja doch. Aber jetzt bin ich anders. In Situation, wenn wir in einem Boot sitzen und einander annehmen, aus uns heraustreten, aufeinander uns verlassen, einander gehören, eins werden, da kommen wir als etwas Neues heraus. Das war vorher geradezu nur Oberfläche: Man kannte mich, man schätzte mich, man bemaß mich als Arbeitskraft, ich mich selbst auch, Wert-Schätzung. Jetzt plötzlich ist das alles anders, da bin ich ein anderer worden, anders. Ich bin dir dein Anderer, wir sind einander jeweils der andere, die anderen. Etwas an mir ist also jetzt unauslotbar anders als der berechenbare 'ādām, der ich bin. Und dann fragst du: Was kommt hier ins Spiel? Was ist da los? Was geht da vor in Situation, bei Gelegenheit, in solchem Ereignis?

Vorhin ist die Frage schon angeklungen: Dieses Einssein, was ist das? Einssein ist nicht die Einheit von „Menge", eine Mengeneinheit, nicht von außen her zusammengestellt, ist auch nicht „Masse"; Masse ist 'ādām, ist Trieb, gleichgeschaltet lostraben aufs Futter hin. Dieses Eins-Sein wäre in deutscher Sprache „Gruppe". Aber das Wort „Gruppe" ist so vielfältig mißbraucht. Wir wählen ein neues Wort dafür: Dieses Eins-Sein ist Zusammenhalt. Zusammenhalt, das ist akut, das ist Praxis. Zusammenhalt, das ist keine Äußerlichkeit. Da ist viel Beziehung und Verhältnis darin. Zusammenhalt.

Die Semiten haben dafür ein Wort gehabt. Und jetzt müssen wir neu lernen: "Zusammenhalt" ist in semitischer Sprache ḥaj, deutsch heißt das, man glaubt es kaum, „Leben", Leben. Das ist schwer für uns. Beim Wort „Leben" konkret denken!
„L e b e n k o n k r e t" ist Z u s a m m e n h a l t im Augenblick der Höchstgefährdung, der Entwurzelung, des Tods. „Leben" ist also immer „Überleben aus Zusammenhalt" im Trauensakt. Leben hat man aus Trauen . Leben hat man aus Trauen. Dieser Andere, der ich geworden bin, hat Leben aus Trauen. Der Andere, der du geworden bist, hat Leben aus Trauen, aus Zusammenhalt. Wer diesen Akt nicht vollzieht, hat nicht das Leben!
Um es existenz-praktisch zu machen: Ein kleines Kind, dem diese Erfahrung verweigert wird, wird nicht leben; es kann vegetieren, aber es wird nicht leben. Leben ist Zusammenhalt. So massiv müssen wir das denken, wie es im folgenden Beispiel zum Ausdruck kommt.

Beim Militär wird eingeteilt die Armee in Armeekorps, Armeekorps in Divisionen, Divisionen in Regimenter, Regimenter in Bataillone, Bataillone teilt man in Kompanien, Kompanien teilt man in Züge, Züge teilt man in Gruppen. Und Gruppen? Gruppen werden nicht mehr geteilt. Die Gruppe beim Militär, das sind diese sieben oder neun oder zwölf Mann, die wird niemals geteilt. Das sind die, die unverbrüchlich zusammenhalten im Einsatz. Dieser unverbrüchliche Zusammenhalt heißt bei Davids Militär ḥaj; und das heißt zu Deutsch „Leben".

Man tut sich schwer als Deutscher, beim Stichwort „Leben" konkret „Zusammenhalt" zu denken, aber wir müssen es uns zumuten. Das Wort „Leben" muss für uns - und da beginnt unser Lernen von theologischer Sprache - voll werden. Wer hierzulande „Leben" sagt, der hört „Lebensprinzip" anorganisch, organisch. In der Bibel ist Leben das, was die Griechen nennen „zoe", nicht „bios" und nicht „psyche". „Bios" ist biologisches Leben, „psyche" ist Triebleben, „zoe" ist Gemeinschaftsleben. Das ist das Leben. Das ist ein Leben. Das ist das Leben für mich. „Und ohne dies ist's kein Leben", sagen wir schon einmal. Das ist doch kein Leben: Ich kenne niemand, ich weiß niemand, niemand geht mich was an, ich gehe niemand was an, niemand kümmert sich, warum bin ich eigentlich da? Das ist doch kein Leben! So können Freunde oder Verheiratete nach einer schönen Zeit irgendwann entdecken: So ist es doch kein Leben mehr, so aneinander vorbei. Da haben wir den Gebrauch des Wortes „Leben".

Leben ist Gemeinschaft, Leben ist Zusammenhalt akut in Not, retterisch, mit retterischer Wirkung, mit tröstlicher Wirkung, Mut machend, Zuversicht gebend.
Einander könnten wir sagen: Du bist mein Leben, du bist mein Leben, ihr seid mein Leben. Und man muß es sich sagen lassen, daß der andere einen so habe, so sehe, so werte. Noch einmal: Leben konkret ist Zusammenhalt. Leben meint Einssein im Trauensakt im Augenblick der Entwurzelung und darin Wurzel fassen, Bestand kriegen, Halt haben. Wir müssen ins Wort „Leben" ständig all diese Dynamik „hineinschauen": sich öffnen füreinander, einander angehen, angehen lassen, aus sich heraustreten, verlassen aufeinander, einander gehören. All das, all das ist Vollzug von „Leben". Das ist das Leben.

So einer hat „Leben aus Trauen", haben wir gesagt. Da es hier um ein Bibelzitat (Hab 2,4b) geht, wählen wir ein anderes Wort an der Stelle: So einer ist ein wahrer Mensch, dieser Andere, anders Wordene, der im Nu, plötzlich, unversehens im Abstand in ein Gegenüber-Verhältnis geraten ist, jetzt ist er ein wahrer Mensch, ein Bewährter - aber bei „bewährt" „wahr" denken! - ein wahrer Mensch. Der wahre Mensch ist der trauende Mensch, der verwurzelte Mensch, der Halt gefunden hat. Demgegenüber ist der ganze stolze 'ādām kein „wahrer Mensch". Um es auf die Spitze zu treiben: Der ganze stolze Erfolgs-'ādām ist kein „menschlicher" Mensch, kein wahrer Mensch. Der Trauende ist der wahre Mensch, der menschliche Mensch, menschlich wordene Mensch. Dieses „wahr" ist das hebräische Wort ṣaddīq, ein Bewährter. Es ist das Wort, das unglücklicherweise bis zur Stunde in den Bibeln immer übersetzt wird mit „gerecht", die Gerechten des Alten Bundes.

Vermeiden wir das Wort „gerecht", das ist der „wahre" Mensch. „Abraham traute, und das ward ihm als Wahrheit, Bewährung erachtet" (Gen 15,6). Der zweite Satz, der zitiert werden muß, heißt: „Mein Bewährter", mein Wahrer, „hat Leben aus Trauen" - der Bewährte, nicht der Gerechte! Der Bewährte, der Wahre hat Leben aus Trauen (Hab 2,4b). Und den dritten Satz lesen wir bei Jes 7, der sogenannten Immanuel-Weissagung. Da redet Jesaja den König der Israeliten an: „Wenn ihr nicht traut", dann erfahrt ihr nicht Treue, „dann bleibt ihr nicht betreut" (Jes 7,9) im echten Sinn des Wortes. Das ist Trauen, trauen. Das ist ein unerhörter Vollzug! Musterbeispiel aus dem NT: der wahre Hirt (Joh 10,8.11.12.16). Wenn plötzlich, im Nu und unversehens die Notlage da ist für die Schafe, dann ist er der, der sich bewährt, der der Wahre ist, mit ihnen in einem Boot sitzt, dabeibleibt, heraustritt. Der Mietling aber flieht; er tut das Normale, Vernünftige, er rettet seine Haut.

Anmerkung:
Um es auf eine sarkastische Formulierung zu bringen: In moderner Technik-, Industrie-, Wirtschafts- und Politik-Welt würde man sagen: Vertrauen ist gut, aber Kontrolle ist besser. Hier dagegen würde man sagen: Kontrolle, wenn es sein muß; aber Vertrauen ist entschieden besser! So weit geht das, daß in Japan, wie vor ein paar Jahren in der Presse zu lesen war, einer Großfirma, die auf Kontrolle gesetzt hatte - über mehrere Arbeiter wurde ein Kontrolleur gesetzt, der mußte bezahlt werden; viele Arbeiter, viele Kontrolleure, die mußten bezahlt werden;

die Kontrolleure mußten ihre Sache gut machen, also mußten die Kontrolleure kontrolliert und deren Kontrolleure wieder bezahlt werden - schließlich klar wurde: Die Ausgaben für Kontrolle sind zu viel. Probieren wir's doch mit Vertrauen, geben keinen Pfennig aus für Kontrolle. Da sagen die einen: Dann werden wir aber betrogen. Gegenposition: Das, was wir durch den einen Fall, in dem wir betrogen werden, verlieren, ist minimal, gemessen an den Kosten für die Kontrolle. In den meisten Fällen wird Vertrauen nicht enttäuscht, weil es das Gefühl gibt, dazuzugehören. So schlägt es beinahe schon wieder ins Wirtschaftliche um, wenn man Vertrauen einsetzt! In großen Notstandszeiten, das weiß man doch, da hat ein unheimliches Einbringen von Vertrauen ermöglicht, Probleme zu bewältigen, die man bei friedlichen Zeiten so nie gelöst hätte mit dem normalen Einsatz von normalen Egoisten.

„Ereignis" heißt in alter Zeit „Er-äug-nis", hat etwas zu tun mit „Auge". Ein „Er-äug-nis" bezieht sich auf eben diese Tatsache: Etwas kommt hier zum Vorschein, etwas tritt hier in Augenschein, was vordem nicht zu sehen war und danach nicht zu sehen ist, ein Eräugnis, ein Ereignis, einmalig, unwiederholbar, nicht berechenbar, geht nicht in die Zahl von Maß und Gewicht. Wir werden dauernd fragen müssen: Was ist hier im Spiel? Was kommt hier ins Spiel, daß das so etwas bewirkt in diesem ansonsten so berechenbaren 'ādām?

Von „Leben" haben wir gesprochen, Einssein, Einheit, Eins, Zusammenhalt. Leben ist Zusammen-halt, dynamisch. Beobachten wir, wie dieses Einssein strukturiert ist. Da ist es immer so: Wir wenden uns einander zu, der andere wendet sich mir zu und der wendet sich uns zu, wir wenden uns einander zu. Wo das vollzogen wird, was kommt da plötzlich, im Nu, unversehens unter uns auf? Wenn ich mich dem dort „zuwende", wie sieht das aus? Zuerst bin ich hier und mache meine Sachen, und dann wende ich mich ihm zu. Jetzt sollte man etwas gewahren, was kaum greiflich ist. Sag mir, was ich machen soll: Ich habe mich ihm zugewandt; genügt das? Hingehen, wie weit, wie weit? Noch weiter, bin ich jetzt zugewandt? Noch weiter – jetzt habe ich's zerstört. Das gehört zur Zuwende dazu: der Abstand. Seltsam ist das! Wem du dich zuwendest, eröffnest, aus dir heraustrittst, dich zu verlassen auf jemanden oder etwas, zu dem findest du in eigentümlicher Weise den rechten Abstand. Dieser Abstand ist der äußere Vollzug von Begegnung! Begegnung ist ja „gegen". Im Begegnen liegt drin "im Abstand ein Verhältnis", ein festes Verhältnis. Ich habe ein Verhältnis gefunden. Er hat zu mir ein Verhältnis gefunden. Spielen wir um diese Wörter herum, sie sind kostbar! Und nur dann und insofern, als du Abstand lernst, kannst du in der Zuwende ein Verhältnis finden.

Was muß ich tun, wenn ich 'ādām bin, und dort ist der andere oder etwas anderes? Unter welchem Aspekt taucht es auf? Das andere: brauchbar, verwendbar, Brennholz, Bauholz; oder der andere: Sehr schnell habe ich herausgekriegt, wozu ich den brauchen kann, einspannen kann. Da nehme ich das andere, den andern unter dem Aspekt des wirtschaftlichen Nutzens.

Und wenn ich das tue, dann kenne ich keinen Abstand. Dann packe ich ihn und setze ihn ein. Das ist wichtig: auf den Vollzug achten, auf die Gestalt des Vollzugs! Du kannst Zuwende nicht wirklich vollziehen, es sei denn du vergreifst dich nicht, sondern hältst Abstand, findest den Abstand und im Abstand als dem Ermöglichenden ein Verhältnis. Im Abstand ein Verhältnis, ein festes Verhältnis, das ist hæ'ᵆmīn, t r a u e n .

Wenn du das hast, dann natürlich kannst du noch näher und noch näher kommen; was aber wird nie zerstört, selbst wenn du es nähmest? Der Abstand. Denn der geht nicht ins Metermaß. Und selbst wenn du umarmtest, zu dir drücktest im Abstand: das geht nie ins Metermaß, das ist eine Grundverhaltensform. Dann gehst du mit allen Dingen anders um, mit dem andern Menschen gehst du dann anders um: Du machst ihn nie zur wirtschaftlich nützlichen Sache. Selbst wenn du ihn nähmest als jemand, der dich wärmt, der dich hält, selbst dann, wenn du ihn wirtschaftlich nähmst - jetzt kommt die Mischung -, soll das nie den Abstand zerstören, soll nie das Ihnanders-Nehmen zerstören. Vgl. dazu auch die Aussage des bekannten Indianerhäuptlings Seattle: „Wir durchschreiten den Fluß und kränken ihn nicht, wir fangen den Fisch und kränken ihn nicht, wir schlachten das Kalb und kränken es nicht." Da lacht ein Europäer; aber der Indianer hat es so gemeint. Sogar noch schlachten kann man so und so! Lernen wir das neu: Der Umgang mit Menschen und Sachen wird anders.

Zurück zum Thema „Situation": Lernen wir das Wort „Zuwende" richtig fassen! Das semitische Wort für Zuwendung, Zuwende ist pānīm. Aber was heißt pānīm? pānīm heißt „Antlitz", Antlitz, genau das, was das deutsche Wort so treffend sagt: Da ist etwas vis-à-vis, gegenüber, ein Mensch also, und der hat nicht nur Figur, sondern Ant-litz, von „ant-" = „ent-" (entsprechend, gegenüber), und „-litz", das das Aufblitzen meint: Eräug-nis. Es ist haargenau das, was ein Kleinkind, ein Kleinstkind, ein eben Geborenes, zunächst nicht hat und dann bekommt. Und du weißt ganz genau, wann es das bekommen hat: wenn es dich durch-guckt, bewußt anschaut. Jetzt ist es ein Gegenüber, ein Antlitz worden. „Laß mich dein Antlitz schauen" (Ps 17,15). Oder: „Er gewährt ihm sein Antlitz." Das ist ein festes Verhältnis, im Abstand ein Verhältnis - Antlitz.

Die Vielen sind zunächst 'ādām; 'ādām heißt gleichgeschaltet, Arbeitskraft, aber auch Konsumkraft, Unternehmerkraft. Sie sind parallelgeschaltet, sie wollen's ja, es geht ums Überleben, jeder macht mit. Dann ist die Sache erarbeitet und ist da: Konsum. Im Konsum kann jeder nur an sich denken. Würde der andere sein Recht nicht fordern, notfalls mit Gewalt durchsetzen, ich gäb's ihm nicht. Mein Magen ist mir spürbar, seiner nicht: immer die Gefahr der Masse! 'ādām ist immer zum Marschieren bereit. Hitler hat die Deutschen zur Masse gemacht, er hat ihnen versprochen, den Hunger zu stillen, ihnen die Güter zu geben und sie den andern wegzunehmen. Da ist der Egoismus angesprochen worden und alles Getöne von Volksgemeinschaft war Schwindel.

Jetzt schauen wir uns an, auf welche Weise die einander zugewandt sind. Wir haben das Wort „Zuwende" gehört, „Antlitz". Einander angehen, einander angehen lassen, annehmen, zu eigen annehmen, aus sich heraustreten, verlassen aufeinander, eins werden. Trauen schließt nun dies ein: Im Trauensakt gewinne ich für den andern Antlitz, und im Treueakt gewinnt der andere für mich Antlitz, Gegenüber, im Abstand ein Verhältnis, Selbststand, wird selbständig, denn Trauen kann man niemals erzwingen. Trauen kann man niemals erzwingen! Kein Diktator, kein Gewaltmensch kann jemals Trauen erzwingen. Dort, wo Trauen ist, ist Freiheit, dort, wo Trauen ist, ist Selbständigkeit, dort ist Souveränität im Sich-Schenken, im Sich-Öffnen, im Sich-Geben, im Sich-Gewähren. Eine unglaubliche Sache ist das!

1. Phase der Situationsbewältigung:
   einander annehmen

Das Ereignis hat die Vielen dazu gebracht, einander zu trauen. Nun müssen sie die Bewältigung der Situation in Angriff nehmen. Wer soll die nötigen Maßnahmen anordnen, koordinieren?

Da ist zunächst immer einer dem andern die Herausforderung, daß er das jeweilige Gegenüber hören muß, sehen muß, annehmen muß. Der eine spielt Hauptperson dem andern, der andere spielt Hauptperson dem einen. Jeder muß Hauptrolle spielen. Die Hauptrolle ist unter uns soziologisch ein Urdatum! Alle moderne Abschaffung von Autorität ist ein Grundirrtum. Man kann "autoritär" ablehnen und abschaffen, aber nicht auctoritas, Autorität, Hauptrolle.

Jeder hat jedem Hauptrolle zu spielen. Das hängt mit Begegnung zusammen, mit Gegenüber zusammen, mit S i c h - S t e l l e n zusammen, mit Gestellt-Werden, Sich-Stellen-Lassen. Ein Grundzug, der gewahrt werden muß in aller pädagogischen Bemühung mit sich und andern!

Schauen wir also die Vielen an. Dann ergibt sich von ganz alleine: Insofern ich der bin, der den andern gegenüber ist, sind die andern zusammen mir gegenüber, nicht der und der und der, sondern alle zusammen. Jetzt ist das Unglaubliche passiert: Viele, alle gleich - und jetzt? Einer herausgehoben, den andern gegenüber. Ich bin in die Rolle des Einen gerutscht, herausgenommen, gegenübergestellt. Der da? Dasselbe: Dem sind die andern gegenüber. Er ist in die Rolle des einmalig Einen gerutscht. Jeder ist jedem einmalig eins, und zugleich zusammen! Was ist das für eine seltsame Struktur! Viele Gesichtslose, Antlitzlose, Umtriebige sind plötzlich so seltsam strukturiert: Jeder ist einmalig worden, und die andern sind „Zusammene", wenn man im Deutschen so sagen dürfte, „Gesamt". - Nebenbei: Dieses „sam" von „zusammen", „gesamt" ist dasselbe wie das englische „the same". „The same" heißt: Alle sind „Selbste". Selbstfindung!

Jetzt verfolgen wir diese zwei Strukturen. Wir sehen dauernd und dauernd immer Einen, herausgenommen Einer, und die andern zusammen. Wer immer in der Rolle des Einen ist: Die Rolle des einmalig Einen ist da. In dem, was da „Leben" heißt, was da „eins" heißt, „Zusammenhalt" heißt, gibt es die Rolle des einmalig Einen und es ist dir zugemutet, sie zu übernehmen.

Wie soll man sie nennen? Einmalig Eins - das nennt die Bibel „Haupt-Person". Insoweit ist jeder Hauptperson, hebr. rōš. Indem du einem Kind gegenüber in diese Rolle gehst, natürlich bist du Hauptperson. Insoweit du es bloß hältst und nährst und fütterst und wärmst und technisch behandelst, bist du's nicht, da bist du ein guter Roboter. Aber insofern du es gegenüber nimmst, im Abstand ein Verhältnis suchst mit ihm, bist du Hauptperson.

Aber Obacht: Gleich schon danach ist es selber in Hauptrolle und ist Hauptperson. Tausendfach ist ein Kind schon Hauptperson. Wer wüßte es nicht! Wie viele Male empfinden wir es wundersam, daß es Hauptrolle zu spielen weiß. Das ist das, was manchmal schüchterne Menschen schwer können und was robuste Egoisten sich in falscher Weise nehmen. Gehen wir zu den Schüchternen: Du weißt ganz genau, was das ist, wenn du sollst in der Runde den Mund auftun. Da mutest du dich den andern zu. Du mutest den andern zu, daß die sich in Zusammenheit begeben und hören, was du jetzt sagst. Freilich, im Rollentausch gleich danach wird's der andere sein, und du mit denen zusammen. Jetzt wäre es so wichtig, daß wir hineinhorchen in die eigene Erfahrung: Ja, das kenne ich, das gab's, so viele Male.

Indem nun eins die Hauptperson ist, rutschen alle anderen Vielen in die Zusammenheit. Wenn die nun nicht einfach nur unsere Zusammenheit ist, sondern auch das Gegenüber der Hauptperson? Dann wird das ein inneres Drama. Sei einmal nun gegenüber der Hauptperson dies andere. Was mußt du vollziehen? Erstens: nicht davonlaufen, also dableiben, dann hinschauen, zuwenden, dort hinhorchen. Da gerate ich in eine Haltung, die ich vordem nicht hatte.

Die dort sagen: Ich werde erbaut, aufgebaut, und der andere ist's, der mich baut, erbaut. Seltsames Wort, so ein technischer Klang. Hebräisch, gemeinsemitisch heißt das "bauen", bānāh - ein Erbautes wäre dann b ē n , deutsch sagen wir "Kind". Also: "Viele" werden zu "Kindern".

Wir lernen hier etwas Neues, wir lernen theologische Sprache. Wer bei uns in Deutschland "Kind" sagt, der denkt an einen Säugling oder ein Kleinkind oder an Schulkinder. Was ist "Kind"? Ähnlich wie bei „trauen" deckt die Etymologie von „Kind" den Sachgehalt von bēn: In germanischen Sprachen gibt es das Wort "kin"; das haben wir im Deutschen nicht mehr, aber die Engländer haben es. "Kin" ist "Verwandtschaft", "kin" ist "Clan". Dort sagt man "kinship", "Kindschaft". Clan also ist dann die Gruppe, ich sage kühn "Zusammenhalt". Dort hat man eine Bezeichnung für den, der von diesem Clan, von dieser Gruppe, von diesem Zusammenhalt, von dieser Art ist: Man sagt, der sei "kind". Das ist etymologisch dasselbe Wort wie unser "Kind", nur haben die es adjektivisch und mit nordischem Verzerren des Vokals (ai), und wir haben es substantivisch mit dem Vokal i. Ein Kind ist also eins, das „von der Gruppe eins" worden ist. Wer von den Vielen eins von diesem Zusammenhalt worden ist, ist ein Kind geworden, ein Kind der Gruppe.

Die Hauptrolle, so haben wir gesehen, sie klebt nicht an einem konkreten Einzelnen. Jeder kann in dieser Fasson, in dieser Form, in dieser Gestalt sich finden. Das ist eine Gestalt des Gestaltlosen, des Anonymen, der Nummer X. Hier ist plötzlich keine Gestaltlosigkeit mehr, hier ist Antlitz, hier ist Hauptrolle.

Und vis-à-vis? Das ist das Unglaubliche: Das ist – die Sprache faßt das – kin, to be akin, kinship, Zugehörigkeit, von der Art dessen, art-ig, nicht unerzogen, sondern „dieser Fasson gemäß", daß welche sich hergeben, in diese Position, in diese forma, in diese Schablone, in diese Gestalt einzurücken. „Werden wie Kinder" heißt nichts anderes, als dem andern sich gestellt haben, vom andern sich stellen lassen, vor den dann gestellt sein. Der ist in der Position von „Kind" im strikten Sinn des deutschen Wortes, im strikten Sinn des hebräischen „bēn". Die Hebräer haben ein Wort „bēn" und haben ein Wort „jælæd". Beides ist „Kind", aber unverwechselbar; nur wir Deutsche werfen das in eins. „bēn" ist „Kind" im strengen Sinn: Jedes Zu-eigen-Angenommene wird mein Kind. Ich kann zu irgendeinem, das ich zu eigen annehme, ob seiner Notlage mir aufgetan sein lasse als das nun zu mir Gehörende, sagen: Mein Kind bist du, heute habe ich dich zu eigen angenommen, heute habe ich dich adoptiert, heute habe ich dich gezeugt (Ps 2,7). Das sei dann die Adoptionsformel, sagen die Gelehrten. Es ist klar: Das hat mit Biologie nichts zu tun; das ist politisch, soziologisch eine Zueigenannahme. „jælæd" ist „Kind" in ganz anderem Sinn: Das ist das Gezeugt-Geborene, das ist die Ebene der Biologie, der Zoologie, der ganz natürliche Vorgang: gezeugt, geboren. Ganz nah steht dem jōnēq, übersetzt „Säugling". Säugling, jælæd, jōnēq, das ist beieinander, das ist das Natürliche, Biologische. „bēn" dagegen ist anders: Das ist zugehörig, von der Art.

Also an der Benehmensweise wird erkannt, an der Gestalt wird erkannt, wer „bēn" ist, nicht an der Blutgruppe! Die Bibel arbeitet mit diesem Wort ganz gewaltig. Jesus ist zunächst einmal „bēn", Sohn Gottes, von Gott-Art, von Gottes Art. Wenn dann später gesagt wird: „Ein Kind ist uns geboren, ein Sohn ist uns gegeben" (Jes 9,5), heißt das hebräisch: ein Neu-Gezeugtes (jǽlæd) ist uns gezeugt (jullad) - ein Sohn, bēn, ist uns gegeben. „bēn" präzisiert das „jǽlæd"! Damit ist angedeutet, wie wichtig das Sammelwort ist: Kinder.

„Ein Kind Israels" ist also von der Gruppe eins, von der Art eins. Man wird ein Kind, indem man hereingenommen wird, sich hereinnehmen läßt in den Verbund, in den Zusammenhalt, auf dem Weg des Trauensschritts. Durch Trauen werden wir Kinder und bekommen das Leben. Wir haben Hab 2,4b zitiert, „mein Bewährter hat Leben aus Trauen" - jetzt ist es noch konkreter: ein Kind aus Trauen. Wer trauen gelernt hat, ist Kind worden des Verbunds mit dem, dem er traut. Das ist „wunderbar".

Hier sprechen wir von „Entwurf": Mensch, du bist entworfen in einen Entwurf hinein, den zu verwirk-lichen dir plötzlich, im Nu geschenkt wird, ermög-licht wird.
Das ist keine Sache mühseligen langen An-sich-Arbeitens! Das ist plötzlich, im Nu, unversehens. Alles hängt nur davon ab, ob ich entweder Rette-sich-wer-kann spiele, Schock, Panik, Resignation, Selbstmord, oder Zuwende, Trauen. Nur davon hängt es ab. Und niemand hat jemals die Möglichkeit zu erklären, warum der eine traut, der andere nicht.

Die Psychologen, Soziopsychologen sagen manchmal: Der eine konnte gar nicht anders sein, der konnte niemals trauen, der andere mußte trauen. Sie können damit immer nur ein Stück Vorläufiges erklären, aber letztlich ist das ein Geheimnis, das wir nicht kennen! Wir können es nur erleben, erfahren, irgendwann hat es uns, aber erklären?! Das heißt: Radikal ist beschenkt, der traut. Gehen wir wieder zum kleinen Kind: Wenn ein kleines Kind den ersten Trauensakt vollzieht, ist es der Akteur: Es traut. Aber jeder weiß: Es hätte nie trauen gelernt, wäre ihm nicht zuvorgekommen der Eltern Angebot, ihm Trauen ermöglichend. Der Trauende weiß sich immer verdankt und kann innerlich nicht fertig werden zu danken, daß ihm das Trauen nicht erstorben ist, das Trauen behalten blieb, das Trauen ermöglicht ward. So steht's mit uns, mit uns Großakteuren 'ādāmischer Prägung. Der Groß-Natur-, Groß-Kultur-Mensch unterlag einem grausigen Irrtum. Er hat die Basis verloren und rennt auf ein Paradiesesziel zu, das er nie verwirklichen wird. Hier aber ist die Basis von vorn herein schon Verdankt-Sein inmitten von Zusammenbruch und Untergang, Situation.

"Kinder": Dieser Begriff korrespondiert also mit der Hauptrolle, Haupt und Kinder. Der dort rein physisch die Hauptrolle spielt, ist im nächsten Moment in Kindesrolle, und der eben in Kindesrolle war, ist im nächsten Moment gefordert, Hauptrolle zu spielen. Der Rollentausch ist selbstverständlich! Es richtet sich immer nur nach dem, was im Augenblick gerade zu bewältigen ist, wie lange jemand in Hauptrolle bleibt. Das geht sogar so weit:

Es kann jemand in der Hauptrolle stehen über Stunden, über Tage, über Monate, über Jahre, und währenddessen geschieht in anderem Zusammenhang hundertmal Rollentausch! Beispiel: Ein Vater, eine Mutter bleiben in der Großsituation der Hilflosigkeit eines Kindes, die über Jahre währt, lange in Hauptrolle. Währenddessen ist aber hundertmal, tausendmal Rollentausch, wo das Kind Hauptrolle spielt. Situationen überschneiden sich tausendfach! Und das Schlimme, was passieren kann, ist, daß welche, die nun gefordert sind, relativ lange in Hauptrolle auszuhalten, am Ende sich festsetzen in der Hauptrolle und herauszukippen sich weigern. Dann wird das zu dem, was wir mit dem Schimpfwort nennen "autoritär", nicht mehr lebensbezogen. Für die Pädagogen ist dies unendlich wichtig.

Bemühen wir uns, einerseits bereit zu sein, lange in Hauptrolle zu sein, auctoritas zu üben, und zu gleicher Zeit mobil, beweglich zu bleiben, hundertmal herauszugehen in die Kindesrolle.

Jetzt haben wir den Verbund, den Zusammenhalt, Leben, in einer Ordnung. Wie sollen wir die zwei Beteiligten da bezeichnen? Im Abstand ein Verhältnis, einander gegenüber, einander Antlitz, einander Antlitze, Antlitze, und ein Zwischenraum. Rein äußerlich ist ein Zwischenraum jetzt: Das Leben hat ein Innen, der Zusammenhalt hat ein Innen, ein offenes Innen, einen offenen Innen-bereich. Der Zusammenhalt hat Inne-heit, der Zusammenhalt hat Innigkeit. Wer für diese Innigkeit kein Organ entwickelt hat, ist verkrüppelt. Diese Innigkeit kann man wahren, hüten oder zertrampeln.

Diese Innigkeit ist hebräisch qæræb, ein Wort der Bibel: das "Innen" Israels, "sei du uns innen" (Ex 23.21; 33,3; 34,9.10), „er ist drinnen bei dir" (Zeph 3,15.17). Aber was ist das Innen? Es ist ja nicht nichts, obwohl es nicht gemessen und nicht gewogen werden kann, nicht in die Ziffer geht der Berechnung. Was ist es? Ein Hauch? Wenn man auf das Innen als solches schauen wollte: Leere, rein physisch Leere, nichts ist da, rein physisch nichts, im Sinn der Technik nichts. Aber dieses „nichts" ist nur so viel wie „nicht etwas", so wie etwas etwas ist, sondern: Atmosphäre, Klima. Die Bibel hat ein Wort dafür entwickelt: n^{e}šāmāh, Hauch, Hauch des Lebens. „... und blies in seine Nasenlöcher 'Hauch des Lebens', und der Mensch ward da zu einem næfæš ḥajjāh, zu einem lebenden Wesen" (Gen 2,7). Wie anders ist das als was wir üblicherweise meinen, nämlich es sei der Schnauf in der Nase. Hat nun dieser Hauch, hat dieses Klima, diese Atmosphäre der Innigkeit, dieser Hauch der Innigkeit etwas zu tun mit dem Schnauf in meinen Lungen? So liegt die Sache: Im Zusammenbruch, in der Katastrophe, im Ereignis - aus, fertig, amen, Garaus - nimmt es einem rein physisch die Luft weg, weil das Schlimme passiert ist. Wenn aber dieser Hauch geworden ist, kann man aufatmen. Jetzt fragen wir noch einmal: Hat also dieses Klima, diese Atmosphäre, dieser Hauch, den man nicht messen und nicht wägen kann, der keine atü hat, etwas zu tun mit deiner Lunge Schnaufluft? Natürlich! Das vermählt sich. Und jeder Arzt kann es einem mittlerweile sagen: So manches Beengtsein hat seine Ursache am Ende im Mangel an Klima, im Mangel an Atmosphäre, im Mangel an Innigkeit; der schlägt sich nieder darin, daß dann die Lunge zu schaffen kriegt, es wird eng und enger. „Psycho-somatisch" nennt man das dann.

Was also kommt da ins Spiel? Was ermöglicht da uns zu leben, was macht uns da so gestaltig? Was gestaltet uns da, was kriegt uns da, was räumt uns da ein in diesen Innenraum? Ein Raum ist und wir sind eingeräumt, was ist das? Anderes kommt ins Spiel als was meßbar ist, Mehr kommt ins Spiel und kommt sehr dynamisch ins Spiel, sehr mächtig ins Spiel, sehr akut, aktiv ins Spiel. Wir werden früher oder später dem einen Namen geben müssen, diesem Ungenannten, Ungekannten, Nicht-Gesehenen und doch Erfahrenen! Wir ahnen schon: Wer so redet, wie ich eben geredet habe, wovon wohl redet er schon? Von Gott. Wir werden aber das Wort lange zurückhalten. Besser ist, wir sprechen davon und wissen es und kennen es, und wenn wir mit einem Kind sprechen, sprechen wir von solchen Sachen und noch einmal von solchen Sachen und wieder von solchen Sachen, und mit Verzögerung erst kommt dann das Wort „Gott", damit, wenn das Wort „Gott" fällt, ein Kind weiß, wovon die Rede ist: von diesem schönen Klima, dieser Atmosphäre, diesem Hauch, dieser Innigkeit, von dem, was wir beide, du und ich, doch so gut kennen, was uns so fröhlich macht, was uns so frei atmen läßt und so lachen läßt. Reden wir so von Gott, ohne das Wort zu brauchen! Aber nun ist das Wort „Gott" schon gefallen, vorschnell gefallen. Lassen wir es noch weg und bleiben wir am Phänomen, beschreiben es weiter.

Wenn die Vielen, die vom Ereignis Betroffenen nun so eins sind, dann kann man sagen: Eigentümlich, da weiß man, was man jetzt tun kann und was man niemals tun kann. Jetzt kann man einander nicht verletzen, jetzt kann man einander nicht übers Ohr hauen, jetzt kann man einander nicht betrügen, jetzt kann man einander schon gar nicht umbringen, versklaven, vergewaltigen.

Das kann man nicht, das tut man nicht, so etwas macht man nicht, nicht jetzt, nicht unter uns. Das sind lauter Sätze, von denen die Sprachwissenschaft sagt, das seien apodiktische Sätze, die lassen keine Diskussion zu. Es gibt unter uns Sätze, die sind apodiktisch und lassen keine Diskussion zu. Das Wort „tabu" ist zwar falsch an der Stelle, es wird aber oft gebraucht: Das ist tabu, aber „tabu" hat mit Ängsten zu tun. Was wir hier meinen, ist etwas anderes. „Apodiktisch" läßt keine Diskussion zu. Man tötet nicht einander, nicht jetzt und hier, unter uns. Das höbe ja das Ganze auf, zerstörte ja das Ganze. Das macht man nicht. Wieso nicht? Na, weil man es nicht macht. Das braucht keine Begründung, das weiß man. Das ist selbstverständlich. Nicht ich hab's dir befohlen apodiktisch, sondern du weißt es, daß das so ist. Das ist etwas anderes. Keiner muß jemand anderem es befehlen oder verbieten. Das verbietet sich von selbst, und du weißt es. Achten wir auf die seltsame Sache: Kein Imperator, kein Befehl! Dieses apodiktische selbstverständliche Sprechen nennt man Gesetz (hebr. ḥōq), Gesetz im strikten Sinne des Wortes. All die "Gesetzes"-Maschinerien im Bundestag sind damit aber nicht gemeint, auch nicht das "Gesetz", das bei Paulus verworfen worden ist, das „Jüdische Gesetz". Jetzt ist die Rede vom Gesetz des Lebens, dem Gesetz des Zusammenhalts, dem inneren Gesetz, dem selbstverständlichen, aus dem heraus Kinder in ihrer Zuordnung zum Haupt und das Haupt in der Zuordnung zu Kindern sich begreifen. Gesetz ist also immer apodiktisch, ist also selbstverständlich, im Augenblick aus Augenblick gewußt, gekannt, indiskutabel.

Ein weiteres: Der, der dieses Gesetz verkörpern muß, vertreten muß, darstellen muß, in dem es sozusagen konkret erfahren wird, ist das Haupt. Immer insofern du in die Hauptrolle rutschst, verkörperst du das. So ist das Gesetz das Gesetz des Lebens, das Gesetz des Hauptes. Er ist's, durch den dies Gesetz sich darstellt, vermittelt konkret. Jetzt taucht auf diese unglaubliche, immer mehr sichtbar werdende Verantwortung dessen, der in Hauptstellung ist.

Das apodiktische Gesetz ist unter uns „plötzlich" bewußt geworden. „Du mußt nicht in den Himmel hinaufsteigen, es herunterzuholen, du mußt nicht über den Ozean fahren, es herzuholen, du mußt nicht in die Tiefe steigen, es heraufzuholen – es ist in deinem Herzen" (Dtn 30, 11 ff.)! Plötzlich, im Nu, unversehens, ist Gesetz - später wird man sagen „Gottes Gesetz" - in uns bewußt, klar, wahr. Du weißt, was man tut, was man nicht tut unter uns, hier und jetzt in dieser Lage, Todgerettete. Im Zusammenhalt, in der Gemeinschaft, in dem Leben-Verbund da ist das apodiktisch, indiskutabel, selbstverständlich.

Später einmal wird es heißen: An seinen Häuptlingen ging Israel zugrunde. Gegenprobe: Das Gesetz ist das Gesetz des Lebens, das Gesetz - später - des Christus, das Gesetz des Lebens, des Verbunds der Menschen. Vom Wort „Gesetz" Bestes denken, Wunderbares denken vom Gesetz! Die „gesetzlose Zeit", was für eine Zeit ist das immer? Eine Zeit, in der die Gemeinschaft zerbrochen ist, in der "Haupt" nicht mehr gewußt ist, in der man macht, was man will, in der sich die Unsicherheit verbreitet auf der Straße, wo man nicht mehr weiß, was man nicht tut: ein bißchen die Not unserer heutigen Zeit!

Auf offener Straße können Morde geschehen und Passanten sehen's und reagieren nicht aus Angst, sie wären die Nächsten. Das ist beschreibbar! Man weiß nicht mehr um Mehr, um Anderes, um es vorwegnehmend zu sagen: um Gott, von woher sich's begründete, das Selbstverständliche, daß man nicht erstickt, erschlägt. Das Leben hüten, das Leben wahren, das ist „das Leben wagen"!

Nun die Frage nach dem Akt: Welchen Akt muß also der Häuptling, der, der das Haupt ist, musterhaft vollziehen? Zuwenden, annehmen, angehen, angehen lassen, aus sich heraustreten, verlassen auf, all das, den Trauensakt vollziehen, zugespitzt auf ein Wort, das die Semiten gewählt haben: zu eigen annehmen die andern.
Zu eigen annehmen die andern - das ist das, was uns schüchterne Typen manchmal so schrecken kann: Du sollst die Frechheit besitzen, herauszutreten und Einmalig-Einer zu sein, und du sollst die da als wie zu eigen annehmen, als die Deinen annehmen, anschauen, Antlitz gewähren. Für diesen Akt der Zueigenannahme hat das Hebräische ein Wort gefunden, dessen deutsche Entsprechung nicht gut klingt: Der Häuptling ist der, der zu eigen annimmt - nicht zum Besitz! - also Eigner. Dahinein gehört Abstand, Verhältnis, Innigkeit; Zueigenannahme, ohne daß das zerstört wird, d.h. nicht bá'alisch-'ādāmisch ergreifen, besitzen. Das ist ein großer Unterschied! Wenn ich jemanden zu eigen annehme, heißt es, ich lasse ihn gelten als den Meinen, ich bin bereit, ihm zu sein der Seine. Das ist eine andere Melodie, als wenn ich sage: Ich besitze ihn, ergreife Besitz von ihm. Nicht einmal Kinder kann man besitzen, sondern nur zu eigen annehmen, da sein mit ihnen und darin sie leiten (nāḥāh), vgl. Ps 139,10.

Wer immer Häuptling ist, hängt nicht an jemandes Physis. Eins aus uns wird's sein von Mal zu Mal. Der Häuptling gewinnt damit eine Position, die hat er in aller Bescheidenheit einzunehmen. Daß er dahin geraten ist, hat nichts zu tun damit, daß er der Intelligenteste ist, daß er der Begabteste ist, sondern das Leben, die Situation, das Ereignis, hat es so zugespielt. Niemand kann das sich wählen!

Wir könnten an der Stelle schon sagen: „Bis jetzt gingst du dorthin, wohin du wolltest; von jetzt an wird e i n a n d e r e r d i c h g ü r t e n , und du gehst, wohin du nicht willst" (Joh 21,18). Dieses Schriftwort trifft haargenau den, der Hauptstellung inne hat. Aber dann, wenn er geht, ist er Gesandter, hat zu tun in eines Höheren Auftrag, Gottes. Das heißt: Er ist umgeben - wie soll man das nennen: - von einem Hauch, er ist anders. In seiner Praxis merkt man's. Das ist einer, von dem her ich erfahren darf: Er hat mich angenommen, er hat mich als wie zu eigen angenommen, unbedingt angenommen, unverbrüchlich angenommen.

Dieses Zu-eigen-Annehmen, von dem sagen wir jetzt, das sei sein Dienst. Die Praxis bestimmt das Ganze, nicht Ideologie! Er nimmt zu eigen an, er stellt sich uns, er läßt ein Verhältnis zu, ein festes Verhältnis, man kann unbedingt drauf trauen - ein Dienst ist das, vermeiden wir das Wort „Funktion" - ein Treiben, ein Tun, ein Dienst. Dienst hat Gestalt und Charakter. Das ist ein Treiben, ein Ziehen, ein Gestalten.

Weil er, das Haupt, diesen Dienst an uns tut, gehören wir ihm, stehen vor ihm, sind gegenüber genommen zu ihm. Er ist vor uns dies Andere, dies Mehr - er hat Hoheit, er ist hoch-gestellt (hebr. gā'āh). Das deutsche Adjektiv „hoch" hat nicht unbedingt den Klang, den das Wort „Hoheit", „hochgestellt" hat. In dieser Hoheit ist der, den wir haben erfahren dürfen als den, der uns zu eigen angenommen hat und der damit uns in einem Zustand aufdeckt, den er eben mit seiner Hoheit grad schon heilt: nämlich niedrig (hebr. šāfēl). In ihm ist unsere Niedrigkeit erhoben! Das geht logisch nicht auf, da bleibt ja die Spannung! Das weiß nur Erfahrung.

> Ein Beispiel: Kinder sind da, und eines davon habe ich zu eigen angenommen. Es ist ein Kind, es bleibt ein Kind, und trotzdem ist jetzt etwas an ihm, was an den andern nicht ist: In meiner Hoheit ist seine Niedrigkeit erhoben. Das ist unglaublich, das geht logisch nicht auf!

Jeder ist möglicherweise in der Rolle. An keinem wird es festgebacken und festgeklebt. Keiner darf es festhalten wie einen Raub. Vgl. Phil 2,6-11, den sog. Philipper-Hymnus:

> *"Jesus Christus, er war"* - jetzt nennen wir diese Gestalt einmal - *"in göttlicher Gestalt, doch hielt er nicht daran, Gott gleich zu sein, vielmehr entäußerte sich, nahm Knechtsgestalt"* - Dienst! - *"er ward im Wesen als ein Mensch erfunden, hat sich gering gemacht und ward gehorsam bis zum Tod, ja bis zum Tod am Kreuze." - Dienst! -*

"Darum hat Gott ihn hoch erhoben und den Namen ihm gewährt, der über alle Namen ist, auf daß in Jesu Namen jedes Knie sich beuge der Himmlischen, der Irdischen, der Unterirdischen, und jede Zunge bekenne: Herr ist Jesus Christus zur Ehre Gottes des Vaters."

Dieser Hymnus besingt dieses Seltsame, was in den Worten Jesu heißen würde: "Wer von euch der Erste sein will, der sei der Diener, wer der Herr sein will, sei der Knecht" (Mk 9,35; Lk 27,24-27). Der Modus, die Methode, Herr zu sein, heißt Dienen! Das ist für die Logik des 'ādām die Aufhebung der Herrlichkeit; hier nicht! Am Ende werden wir von dem viel hören: Er hat zu tragen, noch zu tragen, wenn die Vielen sehr garstig sind und uneinsichtig: "Wie oft habe ich versucht, deine Kinder zu sammeln wie eine Henne ihre Küchlein ...." Er weint über Jerusalem (Mt 23,37). Der "Herr" weint! Der "König" weint auch. Was ist das für eine Herrlichkeit, Erhobenheit, Hoheit!

Solche Hoheit ist, um mit Buber zu sprechen, "mildig", milde (hebr. nā'īm, vgl. Ps 135,3; Ps 133,1). Angenommen du kennst jemand, sei es ein Freund, Vater oder Mutter, irgendjemand, den du magst, und der ist in Position. Und du magst ihn sehr, er ist gut zu dir, und du freust dich über die Maßen, wenn ihm in seiner Stellung Ansehen zuteil wird, Lob zuteil wird, wenn er gebraucht wird. Das ist das Wort "Hoheit".

Seine Hoheit macht ihn "schön" (hebr. jāfǣh. In der Schrift wird es heißen: "Schön, ganz schön bist du unter den Menschenkindern" (Ps 45,3), begehrenswert und liebenswürdig.

Der, der Hoheit hat, hat die Garantie der Lauterkeit seiner Hoheit allein im Dienst, im Dienen, im Zur-Verfügung-Sein, in retterischen Gottes Namen retterisch sein.

Und dann heißt es: „Sie alle werden auf Thronen sitzen und Israel regieren" (Mt 19,28). Dabei ist nicht gemeint, sie hockten auf Thronen und jeder regiere. Nein: Mit dieser Sprechweise ist angedeutet: Jeder kann Hoheit haben, jeder ist königlich. Die Taufe meint nicht mehr und nicht weniger als daß wir den Geist empfangen haben, der uns zu Kindern Gottes macht. Der Hauptstellung inne hat, ist Kind Gottes, Knecht Gottes, "Gegenüberter" Gottes, der ist "Tragender" Gottes, der kriegt noch manche Titel, auch den des "Kindes" Gottes, des Kindes Gottes, nicht Kind Israels nur.

Dieses Geheimnis umkreisen, umreißen wir wieder und wieder, und wir werden immer wieder lernen müssen, was man nennt die Nüchternheit des Alltags. Die Mutter Theresa ist halt das Beispiel weithin: Ist sie nun in Hauptstellung oder nicht? Und ob! Aber wie? Methode? Dienen von A bis Z, tragen, eingeschlossen das Tragen dessen, was unlösbar ist hier auf Erden. Das heißt ja, irdisch gesprochen, hoffnungslos sein:

Die kann doch mit ihrem ganzen Einsatz – dumm dahergeredet jetzt - die Welt nicht verändern. So kann man ja auch sagen, Jesus habe mit seinem ganzen Einsatz die Welt nicht verändert. Das ist aber nicht wahr, obwohl es wahr ist. Was hat denn Jesus gebracht, was hat Mutter Theresa gebracht? Eine Hoffnung, die vom Tod nicht aufgefressen wird. Und wo das bereitet wird, dort hat man die Welt verändert! Das ist die Vorläufigkeit des Heilsunternehmens hier.

Diese Hoheit kränkt nicht, das ist kein kränkendes Hochgestelltsein, nicht ein erniedrigendes, nein! Diese erniedrigt niemals. Wahre Hoheit erniedrigt die andern niemals! Im Gegenteil: Sie erhöht die andern. Der Logik geht das nicht ein und auf. Man muß das durchmeditieren: Ja, das stimmt. Sagen wir es idealtypisch: In dem, was unser Vater ist, haben wir Kinder Glanz vor den andern. In dem, was unser Klassenlehrer ist, haben wir Schüler dieser Klasse ein Ansehen. In dem, was unser König, unser Staatsmann ist, können wir im Ausland uns sehen lassen. Das trifft immer wieder: Es fällt Glanz auf diese Niedrigen; die Niedrigkeit wird „verglänzt", wird verschönt, wird erhoben, wird erhöht.

2. Phase der Situationsbewältigung:
   miteinander beraten, was zu unternehmen wäre

Die erste Schwelle des Dramas „Ereignis" ist jetzt erreicht. Damit ist aber in Situation des Zusammenbruchs, der Not, des Tods noch nichts geschehen. Jetzt müssen wir miteinander etwas unternehmen - miteinander. Wir müssen miteinander etwas unternehmen! Im ersten „Akt" des Ereignisses hat gegolten: Leben, das ist das Zueinander. Und jetzt müssen wir miteinander etwas tun. „Miteinander" heißt bei den Hebräern 'im, mit; und 'am ist „das Miteinander", aber in den Wörterbüchern steht hier als deutsche Übersetzung das Wort „Volk".

Da das Wort „Volk" kein eindeutiges Wort ist und wir es nicht streichen wollen, muß es erklärt werden, so wie wir das Wort „Leben" haben stehen lassen, obwohl es uns ein wichtiges Lernen zumutet: Leben - Zusammenhalt. Wenn ein Deutscher das Wort „Volk" hört, denkt er normalerweise an Volk im Sinn von Nation. Und jetzt hätten wir zu lernen: Mit dem Wort 'am, „Volk", ist nicht „Nation" gemeint, schon gar nicht im blutsmäßigen Sinn. Auch in der deutschen Sprache kennen wir einen Gebrauch des Wortes „Volk" in ganz anderem Sinn, als reines Miteinander von Leuten. „Ein nettes Völkchen", damit meinen wir eine Bande von jungen Leuten, die miteinander sind, egal welcher Herkunft oder Nationalität.

Jeder kennt den Ausdruck „Kriegsvolk", und wir meinen Soldaten. Noch ein anderer Ausdruck: „Es war 'viel Volk' auf den Straßen." Dabei meinen wir nicht „Nation", sondern „Leut".

Und wer „viel Volk" da unten sieht auf der Straße, dessen nächste Frage ist doch: „Was wollen die?" „Was machen die?" Wir unterstellen dem Begriff „Volk" (hebr. ʽam), daß die da miteinander etwas machen, miteinander etwas wollen. Die Bedeutung „Nation" ist völlig außer Betracht. Auch das deutsche Wort „Volk" taugt also zur Wiedergabe des semitischen ʽam, wenn man es im eben beschriebenen Sinn und nicht in der Bedeutung „Nation" (hebräisch gōj) verwendet. Wir Deutsche können das Wort also so und so gebrauchen; hier meint ʽam „Volk" und meint ein Miteinander von Menschen, und da ist es völlig egal welcher Rasse, welchen Blutes.

Das Volk, die Menschen, die müssen nun miteinander etwas unternehmen zur Bewältigung des Problems, der Katastrophe, des Untergangs. Im Augenblick weiß aber niemand von uns, was wir jetzt tun könnten. Da hat dann einer eine Idee, geht in Hauptrolle und sagt sie, die andern hören. Der andere da hat eine Idee, geht in Hauptrolle und sagt sie, die andern hören. Der dort geht in Hauptrolle und sagt, was er meint. Irgendwann geht einer in Hauptrolle und sagt: „Ja, da sagt jeder was anderes; was meinen wir nun eigentlich?" Er geht also in einer qualifizierten Weise in Hauptrolle.

Es setzt jetzt das ein, was wir gerne nennen „Palaver". Im Sinn der Schwarzafrikaner ist „Palaver" kein dummes Schwätzen, sondern wirklich ein Erörtern. „Palaver" ist eine Auseinandersetzung, um ins Reine zu kommen miteinander und einen gemeinsamen Willen zu finden miteinander. Nicht autoritär entscheidet einer, was jetzt gemacht wird, sondern „wir" entscheiden, aber „wir" ist nicht einfach da.

Also ist nun ein Horchen und Horchen, ein Mitteilen und Mitteilen notwendig: modernstes Anliegen, älteste Sache! Im 'ādām-System gibt es kein Palaver, da gibt's Kommando und Befehl, basta.

Dem, der die Hauptrolle inne hat, dem obliegt nun, in der Auseinandersetzung dieses Palavers ständig die Einheit zu wahren. Man kann nicht hereinplatzen, mit Ellbogen seine Sache sagen und den Krieg erklären und sagen: Entweder ihr macht, was ich sage, oder ich haue ab. Dann scheidet man eben aus dem „Leben" aus und macht eben „miteinander nicht mit". Die Einheit heißt, wie gesagt, „kin". Jemand, der in der Auscinandcrsctzung des Palavers die Einheit verkörpert, den nennen die Germanen kin-ig. Wir machen im Deutschen daraus „König". Das Wort „König", hebräisch mælæk, meint dies: in der Auseinandersetzung des Palavers die Einheit verkörpern, die Einheit wahren. Kein Beitrag soll ausbrechen und sich durchsetzen um den Preis, daß welche weggehen, wegfliegen.
Die Rolle des „Hauptes" wird abgewandelt in die Rolle des „Königs". Es ist also unerläßlich, vom Wort „König" all das wegzutun, was „Monarchie" heißt, Zepter und Krone, Purpurmantel, Königsthron, Salbung. Von all dem müssen wir absehen und nur diese Funktion im Blick haben: zur Gruppe gehörig, zum Leben-Verbund, Zusammenhalt, in der Auseinandersetzung des Palavers die Einheit verkörpernd. Wer immer in die Hauptrolle rutscht, seinen Beitrag gibt, muß ihn so geben, daß er die Einheit wahrt.

Die Sprache gewinnt damit eigene Töne. Es ist zwar Auseinandersetzung, aber der andere ist nicht mein Feind, er gehört zu mir.

Das bringt Töne herein, die das Ganze immer noch durchblitzen lassen, jene Innigkeit nicht zerstören. Das hebräische Wort dafür ist, wie gesagt, mælæk. Das deutsche Wort „König" trifft haargenau diese Sache: Es kommt von „kin", „kin" meint Zusammenhalt, Einheit, Clan. Indem er nun aktiv Einheitwahrer ist in der Spannung der Auseinander-setzung - Leben, Zusammenhalt wahrend, verkörpernd - nennt man ihn in germanischer Sprache kin-ig, deutsch König. „Kind" und „König" sind von derselben Wortwurzel gebildet. Auch hier deckt die Etymologie in deutscher Sprache genau den Sachgehalt ab, den man vom hebräischen Wort ohnehin sagen müßte. Und warum soll man nicht die Kostbarkeit der deutschen Sprache wieder entdecken?
Das setzt nun voraus nicht nur, daß er die Einheit wahrt, sondern daß er, wenn der geredet hat und der geredet hat, aber der noch gar nicht, auch den noch herholt: Was meinst denn du, du hast noch gar nichts gesagt? Man ist also nicht glücklich, daß der den Mund hält, nein: Man möchte, daß jeder herein-sagt, was er meint, was wir miteinander tun sollen.

Nächster Schritt: „Miteinander" etwas unternehmen zur Rettung. Jetzt wird's praktisch, da nun bricht's auf: Es geht ja um die Rettung, um Rettungs-Notwendigkeit im Zusammenbruch, im Untergang, in der Not. Da sind noch die Vielen mit ihrem Überlebenswillen und ihren Meinungen, die sich nicht decken. Jeder hat eine andere Meinung, also Palaver, Auseinandersetzung.

Nimm's wörtlich! Wenn man es deutsch ausdrücken müßte: „Treffen". „Treffen" ist Kampf, „Treffen" ist Streiten, Begegnung. Die Sprache hat's! Der die Königsrolle inne hat, muß nun in dem ganzen Palaver die Leute meistern, klug sein, psychologisch richtig reagieren, verstehen, was zu reden ist und was man machen kann und zumuten kann und nicht zumuten kann.
Irgendwann wird er dann sagen: Ich glaube, wir haben jetzt alles erörtert, an alles gedacht. Möchte jemand noch etwas dazu sagen? Nein. Dann sollten wir wohl drangehen zu sehen, was wir meinen. Soweit ich gesehen habe, sind drei Lösungen vorgeschlagen worden. Wer ist für Lösung A? Eine große Anzahl. Für B? Ein paar wenige. Für C? Niemand. Ich glaube, dann ist klar: Lösung A. Jetzt wird er, wenn er ganz anständig ist, zu denen hinschauen, die für Lösung B waren: Einverstanden? Und die werden, wenn sie lauter sind, sagen: Wir sind zwar nicht der Meinung, daß es gut geht, aber wenn ihr das alle meint, sind wir natürlich mit dabei. Aber wir fürchten, wir werden morgen neu überlegen müssen. Ergebnis: Gut, wir meinen Lösung A, abgemacht. Abgemacht: Wir treffen Lösung A. Dieses "abgemacht", diese Sprechform, ist nicht apodiktisch wie "Gesetz", sondern verbindlich . Verbindlich wird nun aus dem Mund des Häuptlings, des Königs, vernommen, für alle verbindlich, was wir miteinander machen. Diese Sprachform nennt man nicht „Gesetz", apodiktisch, selbstverständlich, sondern „Rede", verbindliche Rede. Rede (hebr. dābār) ist verbindlich, das verbindliche Endresultat des Palavers, verbindlich für alle, aus dem Mund des Königs vernommen.

Diese Darstellung kann nur im Sinn der Wissenschaft idealtypisch sein. Es gibt alle Stufen und Verschmierungen und alle Extreme, auch das zum Beispiel, daß man rund herum eins ist. Aber per Prinzip darf man es nicht als schlecht und miserabel empfinden, wenn die restlose deckungsgleiche Einigung im Willen nicht zustande kommt. Anders gesagt: Spannung und Einigkeit schließen sich nicht aus! „Wir sind miteinander einig geworden, was wir machen", setzt nicht voraus deckungsgleiche Gedanken! Dies Unscharfe gehört mit zur Einigkeit dazu. Beim einigen Willen, wie verbindliche Rede ihn artikuliert, ist nicht eingeschlossen unbedingte Zustimmung, daß einzig das sei das Richtige, das unbedingt Richtige. Das ist kein Gesichtspunkt! Hier dominiert einiger Wille zum gemeinsamen Tun und nicht Letztwahrheit, absolute Richtigkeit der Entschlüsse; das ist nicht gefragt!

Spannung - Einigkeit, das ist ein ganz wichtiger Punkt, der in der Pädagogik eine große Rolle spielt. Immer wenn man die Hauptstelle inne hat und meint, es müsse völlig deckungsgleich werden, dann bedrängt man in falscher Weise! Es ist in der Pädagogik ein wichtiger Gesichtspunkt! Es muß jemand drunter sein dürfen, der halbe halbe meint „ja gut", und „mit euch möchte ich schon bleiben, aber ich seh's ein bißchen anders. Tun wir jetzt, wie ihr meint, ich mache ja mit, aber ich möchte doch schon anmelden, wie ich das Ganze sehe."

Ein Beispiel;
So heftig es im Bundestag, aber auch in den Parlamenten anderer Länder manchmal zugeht, im Grunde meinen sie dies: Wir müssen zusammenhalten, weil wir miteinander Probleme zu bewältigen haben, wir müssen einig werden.
Dort, wo Abstimmungen sind, Mehrheiten, kann die Heftigkeit, die Aggressivität dieser Vorgänge nicht drüber hinwegtäuschen:
Allerletzt bleiben sie die, die noch miteinander feiern können. Wenn das erst zerbrochen ist, dann haben wir totalen Staat, und der merzt seine Minderheiten aus, macht sie mundtot. Bei uns muß eine Opposition noch ihre Stimme erheben können, selbst wenn die Abstimmung gegen sie war. Das schließt immer noch ein, daß man diese Opposition noch mitrechnet, daß man bei ihr anfrägt: Wie seht ihr das? Das gehört mit zum parlamentarischen Spiel. Dieses Großpolitische sieht nicht schön aus, beileibe nicht, aber es zehrt und lebt von diesem Grund: Wir sitzen miteinander in einem Boot und von daher handeln wir.

„Der König soll in der Spannung der Auseinandersetzung die Einheit wahren." Dann ist aber gefordert, daß die mitmachen, jeder muß da mitmachen in der Auseinandersetzung. Beachten wir das! Dieses Mitmachen verändert nun wiederum den Status, die Gestalt der Kinder. Insofern sie zum Mitmachen Geforderte sind, nennt man sie hebräisch "Mitmachende", ein von 'am gebildetes Wort; deutsch sagt man dann wohl „Genossen".

Leider ist das schöne Wort „Genosse" (hebr. ʿāmīt) uns durch den „Parteigenossen" erst bolschewistischer, dann nazistischer Prägung verdorben worden. Da hat Hitler genau an dem Vokabular angesetzt: das Miteinander verschworenen Verbunds zum Bewältigen von Problemen. So waren einmal die linken Parteien gegründet worden: Genossen, Mitmacher, Arbeiterpartei; und dann gebrauchten es die Bolschewiki leider in der Verzerrung, der Nazismus in der Verzerrung, aber gemeint war dieser Gedanke. Wir sollten aber wegkommen von der nazistischen und bolschewistischen Verzerrung des Wortes zurück zu dessen Urbedeutung: Das Wort gehört uns Deutschen - Genossen. Also nicht sozialistisch-kommunistisch, auch nicht nazistisch, sondern das Wort als Wort nehmen. Warum sollen wir uns auf ewig ein Wort kaputtmachen lassen? "Mitmachen" ist gemeint, mitmachen, sich beteiligen. Es ist ein biblisches Wort.

Jetzt müssen wir uns fragen, woher wir denn die verbindliche Rede haben. Rein äußerlich kommt sie aus dem Mund des Königs. Nun schauen wir den König an: Er hat die verbindliche Rede aus dem Palaver mit den Genossen. Woher also haben die Genossen in ihrer Zusammenheit verbindliche Rede? Hatten sie sie schon immer? Nein. Jetzt haben sie sie. Woher haben sie sie? Jetzt stoßen wir wieder auf dies Seltsame: aus dieser Leere, aus diesem Raum, dieser Innigkeit, aus diesem, was da aufkam an Anderem, an Mehr.

Was kommt hier ins Spiel, daß wir in der Stunde des Zusammenbruchs nicht untergingen, sondern eins wurden, Zusammenhalt fanden, das Leben fanden, und nun im Miteinander verbindliche Rede wissen? Wieder kann ich im Hintergrund, scheu, das Mehr beim Namen nennen: Es ist ein Aktives, es ist eine Größe, eine, die verbindlich für uns zu reden weiß, aber nicht uns ausschaltend, sondern uns einschaltend, wie man heftiger nicht eingeschaltet sein kann. Ohne Engagement, ohne Beteiligung kein Redeempfang! Ohne Engagement, ohne Beteiligung, ohne Mitmachen kein Empfang von verbindlicher Rede, zu wissen, was wir tun sollen inmitten des Zusammenbruchs, des Nicht-mehr-weiter-Wissens. Ich rede im Grunde genommen eigentlich schon heimlicherweise von der Weise, wie Gemeinschaft gebaut wird, ja, ich rede heimlicherweise davon, wie Gemeinde gebaut wird. Ein Gemeindeleiter, der davon nichts weiß, ist wohl kein guter Gemeindeleiter. Du mußt dauernd wissen, welche Vorgegebenheiten es zu wahren gilt, die förderlich sind.

Der die Hauptrolle innehat, wird nun zu einem, der folgendes fertigbringen muß: Der sagt was, der sagt was, jener sagt was, das stimmt nicht überein, muß aber übereinkommen, wie kriege ich das hin, daß die zwei sich nicht verkrachen, daß das ein Miteinander bleibt? Der muß besitzen die Kunst des Umgangs mit denen. Jemand, der den rechten Umgang weiß, den nennt man „Meister", hebr. bá'al. Vom König ist es verlangt, daß er in praxi „bá'al" sei, Meister, Wisser, Kenner des Umgangs, in dem Fall mit Menschen. Das ist seine Tätigkeit, das ist seine Meisterschaft, das ist des Pädagogen Meisterschaft.

Da gehört viel Kenntnis der psychologischen, der soziologischen Gesetzmäßigkeiten dazu, Milieu-Wissen, was man studieren muß, wenn man es nicht aus Instinktsicherheit kann: Du kannst nicht jemand, der etwas verbrochen hat, bloßstellen; gib ihm ein Signal, daß du's gemerkt hast, und wenn er dann nicht darauf eingeht, greifst du zu stärkeren Mitteln. Kleinigkeiten sind es. Manche gehen unpsychologisch um: Da hat einer eklatant Falsches gesagt. Soll ich nun sagen: Liebe Leute, das ist Unsinn? Oder vielleicht anders: Das trifft unter gewissem Gesichtspunkt zu, aber ich vermute, Sie haben folgenden Gesichtspunkt nicht gesehen; wenn Sie den noch einbringen, müßte man es anders sagen; ich versuche es einmal... Am Ende wird der vielleicht sagen: Der hat mich verstanden.

„Meister": Heute wird man viel von Psychologie und Soziologie sprechen, aber es ist auch anderes gemeint, es gehört auch Sachkenntnis dazu. Von dem König ist also einiges verlangt an Meisterschaft. In der Diskussion um den Gruppenprozeß haben sich die Humanwissenschaften, Psychologie, Soziologie, Linguistik, zum Anwalt des Menschen gemacht, waren als Konter gedacht gegen die sture technische Welt, bis man gemerkt hat: Die Psychologen, Soziologen haben nichts anderes getan als nach den Gesetzen, den Methoden der Naturwissenschaft das Humanum studiert und haben damit das Humanum zu einem Stück Natur gemacht und es in den Gesetzmäßigkeiten seines Funktionierens erforscht.

Jetzt kennen wir die Gesetzmäßigkeiten der Psychologie, Soziologie. Und was ist die nächste Möglichkeit? Die entsprechende Technik. Also welche Technik?

Die Manipulation von Menschen: Wissenschaft, Technik, lückenlos, Industrie, und dabei Menschen ausnützen: Wirtschaft. Das heißt: Die Humanwissenschaften als solche führten nicht heraus aus der Bedrohung des Humanum. Und da hat man entdeckt: Anders läuft's. Nicht sozial, sozialistisch manipulierend, sondern „convivial". Das, was wir hier beschreiben, ist „convivial", in Begegnung gründend.

Aber jetzt Obacht: Sobald wir von Begegnung sprechen und von Innehalten etc., möchte mancher davon zu träumen beginnen, man könne ohne Technik durch diese Welt kommen. Das geht aber nicht. Alles was Technik heißt, sowohl naturwissenschaftlich erfaßbar wie auch humanwissenschaftlich erfaßbar – „'ādām" in unserer Sprache -, spielt dauernd jetzt herein. Hier schon, im Zueinander, Leben, spielt das Interesse des 'ādām wieder herein: Der 'ādām kommt zum Zug, aber eingeräumt in „Uns" und „Wir", eingeräumt im Zusammenhalt, im Verbund der Menschen, aus Trauen gegründet. Da kommt der 'ādām herein, Wissenschaft wird nicht erspart, Technik wird nicht erspart, Industrie wird nicht erspart, Wirtschaft und Politik werden nicht erspart. Ein solcher 'ādām ist ein Politiker, lediglich rückgebunden in „Uns" und „Wir", in Rücksicht auf „Gruppe".
„Wir" in diesem Sinn ist ein Singular. Weltzeit ist hebräisch 'ōlām, griechisch αἰών, deutsch Ewe, die Verlängerung Ewigkeit. Das ist Ewe und ist zugleich Welt. In Situation, wo Viele miteinander in einem Boot sitzen, die einander fremd, gleichgültig sind, gehen diese Vielen plötzlich einander was an, lassen sich einander was angehen, treten aus sich heraus, verlassen sich aufeinander, nehmen einander an, nehmen einander zu

eigen an, gehören einander, werden eins. Das geschieht nicht dadurch, daß zu den 99 ein Hundertstes tritt, sondern ein Anderes. Ein Hauch des Lebens, Klima, Atmosphäre macht die eins. Von jetzt an sind sie ein Uns und ein Wir.
Diese Einheit nennen die germanischen Sprachen, im Holländischen noch gut erkennbar, wireld, im englischen world, im Deutschen Welt. „Welt" ist die Einheit der Vielen in der Stunde der Not, und das als die Zeit Gottes, das ist sein Anwesen. Da tritt das Wort „Zeit" noch dazu: Weltzeit, so Buber, er könnte auch gesagt haben Ewigkeit. Das ist Gottes Ewigkeit: sein Anwesen in Wir und Uns und unser Hineingenommensein in seine Zeit, da sind wir dem Tod entrissen. Buber sagt „Weltzeit", um diese Dimension nicht zu unterschlagen. Er sagt nicht „Ewigkeit", weil das bei den Deutschen leider als unendlich fortgesetzte, lange, lange Weile gedacht ist. Wir haben uns angewöhnt, von Gott rational in Langeweile zu sprechen, dann ist das ein lächerliches Etwas, das wir ablehnen oder als Behauptetes verfechten.

Eine Nebenbemerkung: Der Vorsokratiker H e r a k l i t hat einmal gesagt:
Da ist ein Stab, und wenn ich den an beiden Enden packe und biege ihn zusammen und spanne die beiden Enden mit einer Saite zusammen, dann ist der ganz gespannt - und das gibt die Musik, die H a r m o n i e .
Das Zusammenbiegen heißt "harmozo", fügen, und die Frucht ist die harmonia.

So etwas Ähnliches ist in der Spannung der Auseinandersetzung: Wo die durchgehalten wird, da gibt es einen guten Klang.

Nun also zu „König". In Situation hat es ihn herausgespielt, er ist gegenüber, er ist allein, er ist herausgenommen. Und die Vielen haben zu ihm im Abstand ein Verhältnis. Er handhabt sein Königtum darin, daß er diesen von ihm geforderten feinfühligen, mühsamen Umgang mit diesen und jenen Querköpfen pflegt: in der Spannung Einigkeit erzielen, in der Auseinandersetzung Einigkeit erzielen, also meistern. In diesem Meistertum ist Jesus typisch gezeichnet (vgl. Seite 56 Mt 23,37). Und er wird nicht hasserisch und er gibt auch nicht auf. Er bleibt drunter.

Nebenbei: Das Drunterbleiben heißt griechisch "hypomonē" (vgl. Röm 15,4: der Gott der Geduld, d.h. des Drunterbleibens, und des Trostes), und das wird oft übersetzt mit Hoffnung"; hypomonē ist drunter-bleiben, nicht aufgeben. Das ist der Dienst! Es muß jemand mit mir widerspenstigem, eigensinnigem Wesen so umgehen, bis er mir gewinnend worden ist, bis er mich gewonnen hat. Und das hat viel gebraucht, daß er mich gewonnen hat, ich endlich auf ihn hörte, auf ihn einging. Diesen Dienst sehen! Ein guter Pädagoge ist ständig und ständig gefordert in diesen Dienst!

Dort, wo einer von uns herausgenommen wird zum Meister-Dienst, zum König, nennen wir ihn groß, ganz groß. „Du warst groß, du warst ganz groß" meint nicht den egoistisch erzielten Erfolg. Größe hat der, der drunterbleibt, nicht aufgibt, behält und weitermacht, der hat Größe, der nicht abschreibt, nicht kurzschließt, der nicht urteilt. „Urteilt nicht, laßt alles wachsen ..." (Mt 13,30), das ist Größe.

Habe unter den Deinen halt auch noch ein schwarzes Schaf, wenn es sein soll: Das ist Größe. Den Judas hat er nicht rausgeworfen: „Was du tun willst, das tue bald" (Joh 13,27), und dann verrätst du den Menschensohn. Das ist Mahnung, das ist hōkīᵃḥ, das ist Gewinnen-Wollen. Das ist Größe. Die Größe hat zu tun mit Großmut, großzügig, weit: groß, Größe, menschliche Größe. Ja das war menschliche Größe: Was hat der ihm angetan, das hat der ihm angetan, und wie hat der jetzt reagiert? Ohne Rache, ohne Haß die Hand hingestreckt: Das ist Größe, die Größe dessen, der die Einigkeit, das Einigwerden gemeinsamen Wollens im Blick behält und alles andere hintanstellt. Das ist Größe nach der biblischen Sprache!

Entsprechend sind die, die der König zu meistern hat, die Kleinen. Und wieder erweist er denen, die vor ihm die Kleinen sind, einen Dienst. Klein-Sein ist keine Degradierung. Er ermöglicht ihnen, klein (hebr. qāṭōn) zu sein. Sie müssen sich nicht überanstrengen, müssen nicht so angestrengt immer „groß" spielen. Und dann ist dieses Klein-Sein wiederum durch dessen Größe überstrahlt. Solche Kleine haben teil am Glanz dieser Größe. Mit so einem Großen können die, wenn wir an Kinder denken, noch angeben bei den andern. Logisch geht das nicht auf; das weiß nur die Erfahrung. Ich könnte das Wort schon einmal brauchen: Das ist pælæ', Wunder , ein Wunder. Das ist das Wunder Gottes. „Wunderbar sind deine Werke, Herr" (Ps 98,1).

3. Phase der Situationsbewältigung
Technische Durchführung des Plans zur Bewältigung der Situation

Jetzt wissen wir, was wir wollen. Aber damit ist die Situation noch nicht bewältigt, denn jetzt geht es darum, etwas zu unternehmen gemäß dem, was wir wollen. Jetzt müssen wir ein Floß bauen, ein Schiff bauen, ein Haus bauen, Nahrung beschaffen, auf die Jagd gehen, Wasser bohren ..., was immer die Katastrophe war plötzlich, im Nu, unversehens. Jetzt gilt es, das Notwendende zu machen, damit wir unserem gemeinsamen Beschluß gemäß auch etwas davon haben. Von jetzt an also geht es nicht mehr darum, „eins zu werden", auch nicht darum, „miteinander zu wollen", jetzt geht's darum, den Erfolg anzuzielen. Dem 'ādām geht's um Erfolg. haśkīl, Erfolg haben, das Verbum zieht sich wie ein Leitfaden durch die Bibel. Und jetzt ist dieser 'ādām wieder im Spiel und wieder mit dem Erfolgsverlangen im Spiel: Es soll sich lohnen, es soll etwas dabei herauskommen. Es geht darum, daß das für den 'ādām charakteristische Erfolgsverlangen nicht eigenmächtig, eigenrichtig, eigensinnig, rücksichtslos angezielt wird unter dem Vorrecht des Starken - Klassengesellschaft, Gewaltherrschaft - , sondern unter „Uns"- und „Wir"-Bedingungen, unter „Leben"-, Clan-, Zusammenhalt-Bedingungen, unter Miteinander-Bedingungen, unter Gruppen-Bedingungen, eingeräumt in das Ganze, was wir beschrieben haben.

Wir sind nicht die komischen Menschen, für die wir uns lange Zeit selber mißverstanden haben und mißverstehen ließen, als wären wir die, die der Welt den Abschied gegeben haben, um irgendwo der Ewigkeit zu leben - das sind wir nicht.

Wir sind die, die ihren Auftrag darin wissen, das Reich Gottes auf Erden zu verwirklichen. Und das heißt „zupacken", aber nicht zupacken, wie 'ādām zupackt, unter Hintansetzen Gottes, sondern mit Gott; aber zupacken! Das lassen wir uns nicht streitig machen, das Feld der Wissenschaft, der Technik, der Industrie, der Wirtschaft, der Politik, aber die Alternative wissen!

An dieser Stelle nun ist die gesamte Begabung des 'ādām gefordert, auch nicht ein Restchen davon soll ausgelassen werden: Intelligenz, Gesundheit etc., alle Begabung des 'ādām ist jetzt einzubringen. Es muß festgelegt werden, wie wir´s anpacken und wer was machen soll, damit wir das, was wir miteinander wollen, auch erreichen können. Jetzt benennen wir den Häuptling in seiner neuen Aufgabe: Der König ist gefordert, aber qua 'ādām. Als König hat er uns im Blick, das Zusammen im Blick, das Miteinander im Blick: keins verlorengehen lassen, alle sind gleich, alle sollen gerettet werden, keins darf verlorengehen, nicht um den Preis von Sklaverei (der ägyptische Josef. Gen 37,39-40). Der König qua 'ādām muß sachgerecht, fachgerecht vorgehen:
Feuer muß Feuer sein dürfen und Wasser muß Wasser sein dürfen und Holz Holz: Er ist gehalten, in voller intelligenter Sachlichkeit vorzugehen, zu produzieren. Hier ist Wissenschaft gefordert von ihm, hier ist Technik gefordert von ihm, Industrie, Wirtschaft und Politik, um es einmal mit diesen Schlagworten zu sagen. Diese Mischung von „'ādām" und von „König" heißt „Herr", hebräisch-semitisch 'ādōn, ᵃdōnāj. Das ist insofern noch keine gehaßte Sache, sondern es braucht's, es ist Autorität in Praxis.

Jetzt müssen wir sofort die Krisis spüren: Sei einmal jemand, der einer Gruppe verpflichtet ist, „Uns" verpflichtet ist, an alle denken muß - alle sind gleich, keins verlorengehen lassen, alle sollen den gleichen Anteil an der Rettung haben, an dem Rettungsgut - und zugleich sachrichtig handeln muß: Er ist zwei Prinzipien unterworfen. Welches Prinzip ist ihm, wenn er an die Arbeit geht, dicht am Herzen? Das eine heißt Gruppe, Uns, Wir, keins verlorengehen lassen, dem bin ich verpflichtet, mein ganzes Herz gehört dem. Das andere heißt: Ich will sachlich, fachgerecht an die Arbeit, muß es erzielen heute noch, jetzt gleich, und du machst das und du das und du machst das, los los los - das Prinzip der Richtigkeit, der Sachrichtigkeit und Fachrichtigkeit, ist mir nächst am Herzen. Ich bin ganz und gar in meiner Intelligenz gefordert, 'ādāmisch gefordert.

Hier ist also Uns, hier ist Wir, keins verlorengehen lassen; an das Arme, das Kranke, das Alte, das Schwache, an alle denken, alle behalten, alle sollen teilkriegen an der Rettung um jeden Preis - und dort ist zack, zack, das, das, jetzt: Dort ist Kommando, dort ist Befehl, dort ist Exaktheit, dort ist Tüchtigkeit, das Unternehmen muß klappen! Dort werde ich schneidig. Nimm das Wort wörtlich: Dort werde ich schneidig, schneidend. Alles, was in die Quere kommt, wird weggeschnitten. „Schneidig durchgehen": Dort schneide ich ab, was stört, und wär's am Ende dieser dämliche Kerl, der die und die Sache nicht richtig macht. Hier behalte ich, werde nie schneidig, werde behutsam, werde innig; und dort werde ich schneidig.

Niemand entgeht, wenn er an die Arbeit geht, ans Unternehmen geht, der Erfahrung, daß die Sachrichtigkeit, die Fachgerechtigkeit von ihm Schneidigkeit verlangt. Jetzt ist er an der Schwelle der Krisis. Jeder, der die Verantwortung in Hauptstellung hat, hat im nächsten Augenblick auch den Ehrgeiz, „daß es ihm gelingt". Man soll ihm nicht nachsagen dürfen, er habe es nicht geschafft. ‚Wenn man mir schon die Verantwortung überlassen hat, dann bitte schön laßt es euch gefallen, daß ich schneidig verfahre.' Ehe er sich's versieht, gerät er unter die Verpflichtung des Erfolgs: Erfolg haben müssen, kämpfen müssen, siegen müssen - die alte 'ādām-Melodie! Dieser Krisis entkommt keiner.
Dann die Ungeduld: heute fertig machen noch, nicht morgen. Wo bist du denn, los los! Das sind alles aus Sachgerechtigkeit kommende Impulse. Er hat immer für sich: Ich will doch euer Bestes! Es ist ja nur zu euerm Besten. Die stöhnen schon: zu euerm Besten! Bei Salomo geht es richtig los, wo genau dies zur Debatte steht: Der schneidige Salomo baut und baut und macht Israel groß und macht größer und macht herrlicher und macht weiter. Ein neues Deutschland: „Gebt mir 10 Jahre Zeit, und ihr werdet Deutschland nicht wiedererkennen …!" und ließ sie marschieren und ließ sie marschieren, marschieren - zu euerm Besten, eurer Größe, eurem Ruhm. Es ist immer dasselbe Lied. Und das andere ist Behutsamkeit, ist Innigkeit. Sie erscheint plötzlich wie Zimperlichkeit. Das ist die Frage, das genau ist die Frage.

Der Häuptling muß nun verkörpern als Herr einerseits die volle ganze Sachrichtigkeit, Fachgerechtigkeit, schneidig, und muß zugleich verkörpern die ganze Behutsamkeit und Innigkeit.

Die Mischung davon ist so viele Male das, was wir mit dem Fremdwort nennen „Kompromiß". Der Schneidige haßt den Kompromiß. Der Häuptling, der Herr, wird also nun zu dem, was man in biblischer Sprache nennen muß einen, der ein guter Sachwalter ist, ein guter Walter, ein Anwalt ist, der um seine Verantwortung für das Ganze weiß, ein Anwalt der Innigkeit und Behutsamkeit und ein Walter, Verwalter der Sachrichtigkeit. Das Wort "Walter" deckt beides: ein Anwalt der Behutsamkeit und Innigkeit, der Gruppe, „Uns", „Wir", keins verlorengehen lassen, Anwalt der Schwachen, der Witwen und Waisen, der Fremden, der Gäste, der Ausländer - und ein sachgerechter Verwalter, ein schneidiger sachgerechter Verwalter. Die Mischung von beidem prägt dies Wort: Walter, mōšēl. Das Wort ist ein hochpolitischer Begriff im Alten Orient. Viele Großkönige, Pharaonen werden mōšēl per Titel genannt, Walter. Auch David wird so genannt: „Walter über 'ādām" und „Walter in Gottesfurcht" (2 Sam 23,3).

Die, die wir eben „Kinder" und „Genossen" genannt haben, sind hier die Ausführenden. Die Sprache, die der Herr führt, ist die des Befehls. Er muß befehlen, er muß sachrichtig, fachgerecht befehlen. Wir sagen „Befehl" und spüren nicht mehr, daß dahintersteckt „anbefehlen", „dir 'befehle' ich meine Seele". Befehl ist also gar nicht bloß „Befehl"; das deutsche Wort „Befehl" ist eigentlich ein wunderbares Wort, ist nur von so viel böser Erfahrung so verfälscht worden. „Gebot", „gebieten" ist „An-Gebot", ist nicht einfach Verbot, Gebot, ist nur durch so viele schreckliche Erfahrung so vermiest worden. Das hebräische Wort ist miṣwāh, deutsch Gebot, weil das in der Bibelsprache zuhause ist, aber gemeint ist Befehl .

Obwohl der Befehl „schneidig" zu sein hat, das heißt nichts anderes als klar, eindeutig, strikt (hebr. bar; Ps 19,9), exakt - Befehle müssen klar, strikt, eindeutig, exakt sein, das alles steckt im Wort "schneidig" -, ist er aber zugleich „Gebot", An-Gebot , von "bieten". Die da verlangen danach: Sag uns, was kann ich machen, was können wir machen, was kann ich noch machen? Das ist die Grundhaltung des Befehlsempfängers in der Not, nicht die Auflehnung. Es ist der Wunsch, beteiligt zu werden, vgl. den Rittersmann, den Vasallen, der auszieht, um einen Herrn zu finden, der ihn in Dienst nimmt: Der möchte, daß der ihm sagt, was er machen soll. Da müssen wir umlernen. Also: Wiewohl der Befehl exakt, strikt, eindeutig, schneidig zu sein hat, ist er ebenso ein Gebot, ein Angebot.

Die, die da mitmachen, die haben wir bisher „Knechte" genannt; lassen wir dieses Wort trotz einer kleinen Unklarheit stehen. „Knecht" heißt jetzt „knight", Ritter, einer, der verlangt danach, in Dienst genommen zu werden, mitmachen zu dürfen, auch etwas machen zu dürfen.

Die, die da mitmachen, die Genossen, sind die „Ausführer". Das hebräische Wort dafür ist wohl ná'ar, aber das entsprechende deutsche Wort „Knabe" oder „Knappe" trifft die Sache nicht recht. Man kann auch das Wort „Knechte" verwenden, die, die es ausführen.

Das paßt insofern wunderbar, weil vom Knecht im klassischen Sinn gemeint ist, er verlange danach, er wünsche es sich zu, er nimmt es als einen Stolz, wenn er würdig befunden wird mitzumachen, in dem und dem und dem Punkt eingesetzt zu werden zum Gelingen des Ganzen. Das ist die Grundhaltung des Knechts, die Grundmeinung des Knechts; er ist kein Sklave, der meckert und meutert. Er ist ein Engagierter, ein Beteiligter, er gehört dazu. Er sagt: Und was kann ich machen? Ich könnte doch was machen. Was kann ich jetzt machen? Das ist keine „knechtische" Gesinnung im negativen Sinn des Wortes. Das Wort „Knecht" ist uns erhalten in der Bibel, wir sagen „Knecht Gottes" und „Knecht Jahwähs", „Mägde Gottes", also müssen wir uns bemühen, diesen guten Sinn dieses Wortes wieder zu entdecken. Ob ich dann ad hoc, konkret, bei dem oder jenem Hörer das Wort vermeide, weil es bei denen in den Ohren scheppert, wenn ich das Wort nenne, das ist die nächste Ausmünzung in der Praxis. Aber den Sachgehalt sollten wir verstanden haben. Und: Per Prinzip nicht jedes Wort bloß deswegen, weil es mißbräuchlich geworden ist, wegtun, sondern wieder-gewinnen. Und daß man Worte wiedergewinnen kann, das ist eklatant, das geht! Es kommt nur darauf an, daß man etwas, was das Wort bezeichnet, wieder klar zu sehen vermag. Wer etwas, was das Wort bezeichnet, kostbar zu sehen vermag, kann auch das Wort wieder bringen!

Ein Beispiel: das „Fliegende Klassenzimmer" von Erich Kästner. Eine Schulklasse spielt Theater, einen Flug über die Alpen nach Süditalien. Nach der Vorstellung werden die einzelnen Schüler gefragt:

Wer warst du? Wer warst du? Da kamen die Alpen vor, der See, die Poebene, und das Meer da drüben, und dann der Vesuv, der rauchte; das wurde alles gespielt. Am Schluß stand ein Kleiner, Schwacher auch noch dabei. Die anderen hatten den Flugzeugführer, den Kapitän etc. gespielt, die hatte man alle gesehen. Nun wurde der Kleine gefragt: "Aber du, was hast denn du gespielt?" Da sagte er: "Den Vesuv!" Er hat ein Feuerchen gemacht, daß es geraucht hat; ihn hat man nicht gesehen. Das Bübchen war also stolz darauf, auch gebraucht zu werden. Er konnte ja zu nichts gebraucht werden, er war schwach, ärmlich, ängstlich - aber den Vesuv hat er machen dürfen und war stolz darauf.

Man muß gespürt haben, wie das Kinder schon selig machen kann, wenn sie bei dem großen Unternehmen da auch gebraucht werden: Sie dürfen dies machen und das machen! Gebraucht-Werden ist eine Seligkeit, eine Erfahrung der Innigkeit, eine Erfahrung des Dazugehörens!

Das ist gemeint mit „Knecht", nicht Verknechtung, also nicht so, wie es in dem deutschen Lied heißt: „Der Gott, der Eisen wachsen ließ, der wollte keine Knechte"; hier ist das Wort „Knecht" in Gegensatz zum „freien Mann" gestellt, den man nicht zum Sklaven machen darf. Das ist nicht gemeint. Gemeint ist jetzt der, der in Freiheit dazugehört und mitmacht, das Seine beiträgt.

Spätestens hier liegt die kritische Schwelle. Hier kann alles schief laufen, alles so herrlich Begonnene. Es kann beim Palaver schon ein bißchen schief laufen, aber spätestens in der Ebene von „Herr" und „Befehl"/ „Gebot" ist die Krise immer gegeben in jeder Gruppe, auch im Kibbuz. Auch die Kibbuzim leiden unter dieser Krise, auch die Moschawim leiden unter dieser Krise. Das ist die Krise der Gemeinschaft, auch die Krise von Klostergemeinschaften, von Pfarrgemeinschaften. Das ist die Schwelle, an der es etwas zu bewältigen gilt: Ohne Ehrverlust einer von den Vielen bleiben!

Was jetzt also nötig ist, um Erfolg zu haben, sind schneidige Befehle, Gebote. Da dürfen die Vielen schwach (hebr. dal) sein, zu schwach, um aus sich heraus die Not beheben zu können, aber nicht, um als Schwache eben schwächlich zu verenden, erdrückt zu werden, erschlagen zu werden, ersäuft zu werden, verbrannt zu werden. Ihrer Schwachheit ist zugeordnet die Stärke des Herrn.
Der Herr ist stark. "Stark" (hebr. ʿāṣūm) ist das stereotype Beiwort des Herrn. „Da, dein Herr, er kommt als der Starke, sein Arm hat für ihn gewaltet, vor ihm her sein Gewonnenes, hinter ihm her sein Erbeutetes" (Jes 40,10). Ihr seid seine Gewonnenen, die ihr fremden Würgegriffs Beute wart. Er, der Starke, der Herr ist der Starke. Paulus findet sich eines Tages in der Rolle des Schwachen. Und dann heißt es: „In deiner Schwachheit kommt meine Stärke heraus" (2 Kor 12,9). D.h. meine Stärke gehört doch dir. „Heische von mir, und ich gebe die Völker dir zum Erbe!" (Ps 2,8) Wieder die Zuspielung: Der wirklich Starke in dieser Welt, das ist der Schwache, der auf Gott vertraut.

4. Phase der Situationsbewältigung: Ausgleich

Dies ist noch nicht das Ganze. Zwar haben wir den Erfolg erzielt: „Der Bär ist erlegt," oder: Das Schiff ist gebaut, wir können es besteigen und können das Land der Seligen ansteuern. Das Rettende ist also da. Jetzt geht's darum: Allen soll das zuteil kommen. „Alle" sind „die Vielen!" „Alle" sind 'ādāmisch, kennen bāśār und næpæš und lēb. Die Motorik, die von dort her kommt, die Intelligenz, hat rasch durchschaut, was jetzt den eigenen Schwächen aufhelfen könnte, wonach es triebhaft verlangt, und es weiß auch sehr rasch intelligenzmäßig, wie viel davon man unbedingt mir zur Verfügung stellen muß. Es ist einfach normal, es ist normal, daß an dieser Stelle zunächst dieses Wesen an sich denkt. Und da ist die Gefahr, daß noch einmal alles auseinanderbricht, wenn es an den Futtertrog geht, wenn es an den Napf geht. Das muß man sehen.

Also worum geht's jetzt, was ist das nächste große, große Anliegen, wenn es ans Verteilen geht? Da hat die hebräische Sprache, die semitische, wieder ein Wort gefunden, das wird von vielen Theologen oftmals nicht wirklich erkannt. Ein ganz kostbares Wort! Manche übersetzen es seltsam mit "warnen" und "mahnen". Bedeuten tut es „ A u s g l e i c h ", nicht Gleichheit. Gleichheit ist mechanisch, eine Maschine kann in gleiche Teile teilen. Ausgleich ist ganz etwas anderes: Ausgleich ist immer gemeinschaftsbezogen. Ohne Gemeinschaftsbewußtsein, ohne das Bewußtsein, Gemeinschaft zu haben, kann man nicht ausgleichen. Das hebräische Wort ist hōḵīªḥ, (Hiphil von der Wurzel jkḥ). Eine Musterstelle, die wir alle kennen, läßt ahnen, welchen Rang dieses Wort hat.

Jes 11,1-5
Dann fährt ein Reis aus dem Strunke Jesses,
ein Schößling aus seinen Wurzeln fruchtet,
auf dem ruht SEIN Geist,
Geist der Weisheit und Unterscheidung
(Gescheitheit, Intelligenz),
Geist des Rats und der Heldenkraft,
Geist der Erkenntnis und Furcht Gottes,
mit Furcht Gottes begeistet er ihn.
(Jetzt geht er an die Arbeit:)
Nicht nach der Sicht seiner Augen wird er richten,
nicht nach Gehör seiner Ohren ausgleichen,
er richtet mit Bewährung die Armen
und schafft Ausgleich mit Geradheit den
Gebeugten der Erde.
Wahrheit der Gurt seiner Hüften,
Treue der Gurt seiner Lenden.

Dazu Jes 2,4:
Richten wird er dann zwischen den Weltstämmen,
ausgleichen unter der Völkermenge:
Ihre Schwerter schmieden zu Karsten sie um…".

Da steht mittendrin das Wort vom Ausgleich. Noch einmal sei betont: Ausgleich setzt Gruppe voraus, Gruppenbewußtsein, Gemeinschaft, Gemeinschaftsbewußtsein, also Zusammenhalt - Leben. Und darin ist selbstverständlich, daß im Prozeß des Lösens der Probleme am Ende Ausgleich steht.

Was heißt Ausgleich nun praktisch? Warum nicht Gleichheit? Alle gelten gleich. Nein: Ausgleich ist Praxis. Gleichheit ist Idee! Gemeint ist nicht, daß, wenn da zwanzig sind, alle zwanzig haargenau gleiche Teile bekommen - niemand kann sich beschweren. Dann habe ich alle gleich behandelt, aber Ausgleich habe ich nicht geschaffen! Das Wort „Ausgleich" setzt voraus, daß jeder anders gelagert ist in seinem bāśār-Leiden, Fleisch, in seinen Begierden. Der da ist magenkrank, und da ist ein kleines Kind, und das ist ein alter Mensch, und das ist ein Hüne von Gestalt, der hat im Grunde die meiste Arbeit gemacht. Und hier liegt der Brotlaib. Jetzt, was machen? Jetzt also ein Innesein: Der da gewuchtet hat, der ist gesund und stark, das ist wichtig, während der dort krank ist, und da ist ein kleines Kind, ein alter Mann.

Unsere erste Phantasie ginge auf dies: Ja, ich bin dran. Jetzt muß zugemessen werden. Wie sollen wir das lösen? Der ist sein Trieb, der ist sein Trieb, jeder ist sein Trieb. Was aber jetzt nottut, muß mit einer inneren Bereitschaft, mit einer Liebenswürdigkeit bedacht werden. Dem Häuptling fällt noch einmal eine Rolle zu, seine Hauptrolle muß noch einmal sich abwandeln. Jetzt ist nicht gefragt, daß er sich stellt, nicht gefragt, daß er die Einheit wahrt im Palaver, jetzt ist nicht gefragt seine Gescheitheit und Intelligenz, strikte Befehle zu geben, jetzt hat er nur eine Sorge: daß jeder das Seine möge kriegen. Wie soll er dies erreichen, wenn doch alle mit ihrem ganzen Erzverlangen, das sehr persönlich ja da ist, ihm quer kommen? Jetzt muß er jeden gewinnen zum Gönnen dem andern. Nicht daß alle was bekommen, ist das Wichtigste, sondern daß alle gönnen, so heißt das Wort. Das ist unendlich Mehr und Anderes. Er muß also nicht jeden auffordern, daß er sage, was er will, das weiß der sowieso. Er muß vielmehr jeden gewinnen zum Gönnen dem andern. Wie geht das?

Das Beispiel stammt aus der Kinderpsychologie, aber man kann es mühelos übersetzen aufs Erwachsenenalter: Da ist auf dem Sandhaufen das eine Eimerchen und das eine Schäufelchen und da ist ein Ball. Und das eine Kind spielt mit diesem, das andere mit jenem. Aber nein, das eine möchte jetzt auch mal gern mit dem spielen, was das andere gerade hat, und jetzt geht die Streiterei los.

Versetzen wir uns in die Lage des Erwachsenen, der da zusehen soll, daß das gut geht. Wir müssen eine Sprache finden, die „kleinmünzig" ist. Du ‚babbelst' dir das Herz aus dem Leib, um zu gewinnen. Du willst ja nicht schneidig, strikt die Sache plätten, nein: das eine, das eben noch das Eimerchen hatte, dafür gewinnen, daß es doch möchte bald schon dem andern das Eimerchen überlassen. Dieses kleinmünzige Zu-Herzen-Reden: Weißt du, ich meine, das könnte man doch so machen: Du tust noch eine Weile damit spielen, und nachher gibst du's ihm und wir spielen mit dem Ball. Dieses „Babbeln" hat nichts mit großherrscherlicher Allüre zu tun. Das ist so kleinmünzig! Es ist das „Babbeln" eines Vaters, einer Mutter zu den Kleinen: eins gewinnen zum Gönnen fürs andere.

Das andere Beispiel kennen wir auch: Weihnachten steht bevor, da gibt es Geschenke. Was bekomme ich? Ich möchte das haben und das haben - was machen gute Eltern? Manchmal gelingt's: Sie holen ein Kind raus und fragen es: Was könnte man denn dem da schenken? Das soll das nicht wissen.

Überlegen wir miteinander, das ist dann ganz überrascht und freut sich. Und dann geht man zum andern mit dem gleichen Trick. Da versuchen wir auch, mit Tricks das eine zum Gönnen fürs andere zu gewinnen. Es soll noch eine Freude haben am Verzicht! Es ist verrückt: Aber das ist die Lösung! Es soll noch eine Freude haben am Verzicht. Jetzt kommt jener Charme wieder, der Charme vom Anfang. Es soll noch eine Freude haben am Verzichten. Es soll sich noch entzücken daran, daß das andere so sich freut.

Jetzt kommt jemand zu dir, nicht ein kleines Kind, sondern ein erwachsener Mensch, und sagt zu dir: „Hör mal, das ist keine Sache, wie der es mit mir macht. Ich hab gedacht, Schluß jetzt, soll der sehen, wo er bleibt." Und was sagst du da? Partei ergreifen? Das ist zu billig. Du hast ja das Ganze im Blick, die beiden im Blick! Was sagst du? Vielleicht: „Hast du's schon einmal so probiert? Wenn er das merkte, wäre er sicherlich anders zu dir?" Vielleicht geht der andere drauf ein, dann wär's ein erster Anlauf gewesen. Du hast nicht Partei ergriffen, du hast nur ihn gewonnen, eine Sicht einzunehmen, wobei der andere dann etwas gewinnt, was er bisher nicht bekommen hat von dir. Dann noch einmal ein Anlauf und noch einer, und irgendwann wirst du der sein, der sowohl dem einen als auch dem andern Anlaufstelle ist, und beide wissen, du bist auch des jeweils andern Anlaufstelle.

Das ist es: Du lösest die Probleme nicht strikt, exakt, sondern du fängst an zu tragen und auszutragen, zu ertragen, du suchst sie zu erhalten in Einheit und Frieden. Das ist Weisung!

Der alttestamentliche Priester in Silo, Heli, hat Weisung, das ist die Haupttätigkeit des Priesters 1 Sam 1 und 3). Da kommen sie hin und tragen die verschiedensten Sachen vor, und er gibt Weisung, tōrāh.

Illusion, Utopie, Ideal? Wenn es auch nur einmal geschah oder einmal geschehen kann, dann müssen wir es verhandeln als eine Möglichkeit des Lebens. Wir wissen, es ist mehr als einmal schon geschehen, es kann noch hundertmal geschehen, also behalten wir diese Möglichkeit und entdecken plötzlich: Darin liegt so viel retterisches Aus-Problemen-Herauskommen, aus Problemen, die sonst nicht lösbar wären. Es betrachten, es beschauen und durch die Enttäuschungen sich nicht ermüden lassen: Das ist das, was ich suche, dabei bleibe ich, das zu suchen, und ich will von daher meine Freude haben und noch viel Freude machen. Das ist keine Illusion!

Dann kommt noch das Letzte dazu: Wenn das gelingt, daß ich den andern dazu kriege, im Gönnen sich zu freuen, dann schalte ich ihm die Notwendigkeit aus, das, was er grad in Händen hat, schnell zu verstecken, daß es ja keiner nimmt. Er muß nicht ängstlich haben, was er dann hat, aus Angst, der andere giert es ihm weg. Ich habe ihn befreit von der Sorge. Beachten wir: „Freiheit"! „Freude" war zunächst, jetzt ist „Freiheit". Ich schaffe ihm den Frieden, šālōm. Bedenken wir diese schönen Wörter, sie gehören in diesen Zusammenhang. Ich habe Freiheit besorgt, befreit von der Sorge. „Er muß nicht ängstlich festhalten wie einen Raub" heißt es dann im NT (Phil 2,6). Ich habe ihm Freiheit besorgt von der Sorge, Freude. Nicht mein Recht habe ich jetzt bekommen.

Der 'ādām, das egoistische Viele-Wesen da, kann sein, er hat ein Recht drauf. Wir bleiben auf der andern Spur: Freude darüber empfangen zu haben, gegönnt zu haben, frei worden sein von der ängstlichen Sorge, wie einen Raub festhalten zu müssen, stehlen zu müssen, klauen zu müssen, räubern zu müssen, wegnehmen zu müssen unter Tränen des andern. Und der selbst, der das besorgt hat, von dem kann man im gesteigerten Maße sagen: er darf in den Genuß der Freiheit kommen. Er hat sich im Gönnen frei gemacht von der Sorge, wie ein Raub festhalten zu müssen, gieren zu müssen, neiden zu müssen. Er hat gegönnt. Der Gönnende ist frei! Und jetzt dreht sich's um: Dem entspringt daraus Freude. Das mischt sich nun, denn er ist ja dann auch der, dem gegönnt wird. Dieser Zustand heißt šālōm, Friede. Schluß mit Krieg ist nur ein schattenhafter Anfang von Frieden! Dieses Leben, dies erfüllte Leben, das ist Frieden, šālōm. šālōm heißt „Unversehrtheit", ungekratzt, ungeschmälert, unversehrt, ungekürzt, ganz: šālōm, Friede.

Das alles steckt in diesem herrlichen Wort, das von so vielen Theologen immer noch nicht gewürdigt wird. Natürlich kann das Wort hōkīᵃh, das wir mit „Ausgleich" übersetzt haben, auch einmal „Mahnung" sein und „Warnung" sein, aber das ist nur der Außenrand des vollen Geschehens „Ausgleich". Wenn da unter den Schülern ein Frechling ist, der dauernd stört, und ich packe ihn mir und sage: „Jetzt hör mal, Du, Du machst doch alles kaputt", was mache ich jetzt? Ich bin mittendrin im Ausgleich schaffen! Ich gehe nicht hin und sage: Den schneiden wir, den hassen wir. Das wäre nicht Ausgleich. Ich will ihn ja gewinnen, ich will ihn ja behalten.

Ausgleich setzt Gemeinschaft voraus, haben wir gesagt. Gemeinschaft exkommuniziert nicht. Ich will gewinnen, will behalten, und mahnen: Du tust übel.

Den, der da solche Sprache führt, solch Kleinmünziges, Charmantes redet, den nennen wir Vater. „Vater" (hebr. 'āb) ist nicht Zeuger, biologisch; wenn ich das bezeichnen will, wähle ich ein anderes Wort. „Vater" ist eine soziologische Rolle, um in der Sprache der Wissenschaft zu sprechen. „Vater" ist der Versorger, aber nicht nur 'ādāmisch! Natürlich wissen wir: „Mutter" ist ungeschieden dieselbe Funktion - Vater, Mutter. Das ist uns kein Problem heute. Damals war die Zeit des Patriarchalismus und da war es eben „Vater", in der Schrift ist dies mit „Vater" bezeichnet, aber auch „Mutter" gilt, ist nur in dieser frühen Zeit nicht so in den Blick gerückt worden.

Die Rede, die der Vater führt, diese kleinmünzige Rede, halb mahnend, halb lockend, gewinnend, diese gewinnende Rede nennt man tōrāh. Denken wir beim Wort „Thora" nicht gleich an Pentateuch, das Buch der Bibel, die Thora, Genesis, Exodus, Leviticus, Numeri, Deuteronomium, gehen wir zur Urbedeutung. Dann ist es, was man mit Buber übersetzen mag „Weisung". „tōrāh" meint also Weisung in kleinster Situation, in kleinsten Angelegenheiten, aber auch in großen, volksweiten Angelegenheiten. Wenn das dann ins Schriftliche gerät, dann kommt, wenn man blaß redet, am Ende heraus das „Buch der Gesetze", und wenn man unscharf spricht, der Pentateuch. tōrāh: zunächst einmal „Weisung", so gemeint, klein; aber schon auch dies ist im Blick: Die Gemeinschaft kann volksweit sein.

Ein Beispiel: Wir Deutsche hatten nach dem Krieg ein großes Problem: Da saßen wir miteinander im Zusammenbruch, da saßen wir miteinander in einem Boot. Da galt nicht mehr „rette sich, wer kann". Die da geschockt waren und resignierten und Panik machten und Selbstmord, die waren weg; die hat es gegeben, mit denen war nicht mehr zu rechnen. Aber die noch da waren, denen war abverlangt Wagnis des Lebens, Wagnis der Zukunft. Was war damals das große Problem? Lasten-Ausgleich. Wir hatten Millionen Flüchtlinge, die alles verloren hatten, und die waren nun da in einem Boot mit uns und wir mit denen. Was das für Palaver notwendig machte, bis die, die noch hatten, kapiert hatten, daß die mit uns in einem Boot sitzen. In jedem Dorf Flüchtlinge! Es gab kein Dorf, keinen Weiler mehr, in dem nicht Flüchtlinge waren einzusiedeln, einzuräumen, mitzunehmen! Und das war ein Palaver, es ging nicht immer ganz freundlich zu, aber es war geschafft zum Schluß: Ausgleich. Das heißt, die da hatten, mußten ohne Vergütung abgeben! 'ādām läßt sich's vergüten, was er abgibt.

Ohne Vergütung abgeben: miteinander teilen. Jetzt liegt ein Wort geradezu auf der Zunge: geschwisterlich teilen. Jetzt sind wir bei dem Wort, was da aus denen, die in einem Boot sitzen, wird, wenn es ihnen vom Vater recht besorgt wird, wenn einleuchtend gemacht wird, geworben wird: Versteht doch, so muß es doch gehen, wie soll es denn anders gehen ... Dann werden die, die da in einem Boot sitzen, Brüder, Geschwister. Brüderlich teilen: Das ist keine Gleichmacherei, geschwisterlich teilen ist keine Gleichmacherei.

Geschwisterlich teilen heißt: Da hat Vater, hat Mutter die Kinder gewonnen zum Gönnen einander. Gönnen einander!

Die letzte Hauptrolle ist also die des Vaters: Die Vielen dürfen an der Stelle noch einmal ganz die sein: bedürftig des Lebensnotwendigen, bāśār, brauchend, bedürfend. Man könnte hier das Wort "arm" benützen, wenn in der Bibel das Wort "arm" nicht noch für ein anderes Wort reserviert wäre. So sagen wir lieber bedürftig (hebr. 'æbjōn). Es gebricht am Lebensnotwendenden: bedürftig, 'æbjōn, Kinder in ihrer Bedürftigkeit.

Daß die Bibel in diesem Zusammenhang von „Brüdern" spricht, ist, wie schon gesagt, ein Relikt jener Zeit, wo Patriarchalismus zählte; Frauen, Mädchen waren einfach mitgemeint. Heute würden wir sicherlich - und es verträgt sich ja auch mit unserer Gebetssprache - an dieser Stelle hinschreiben „Geschwister", „geschwisterlich" (hebr. 'aḥīm/'āḥōt, Brüder/Schwestern). Das ist die heutige Realität, und die heutige Stunde will das bei allem Respekt vor der Vergangenheit bewußt machen. Auch zu „Vater" könnte ich, davon haben wir ebenfalls gesprochen, sofort dazusetzen "Mutter". Das soll für uns kein Problem sein. Bereits hier müssen wir die Weichen richtig stellen: Bei uns wird kein Patriarchalismus als solcher sozusagen „gelehrt". In der Vergangenheit gab es patriarchalische Zeiten; die Realität, die zu beschreiben war, der Vater, die Mutter, die Erwachsenen, die Pädagogen, die Verantwortlichen, die ist klar.

Nun haben wir gesprochen von den Kindern in ihrer Bedürftigkeit. Von „Vater", von „Mutter" wird nun verlangt, daß sie die Güter haben, dieser Bedürftigkeit abzuhelfen. Aber genügt's, die Güter zu haben? Genügt Reichtum? Genügt Kompetenz? Das Adjektiv, das biblisch da steht, ist ein weit verbreitetes: gut.
Gut (hebr. ṭōb) ist der, der die Gaben hat zum Geben. Insofern er die Gaben hat zum Geben, ist er gut dort, wo er dir die Güter gibt. Gut-sein ist Praxis, gemeint ist: gütig sein, und wenn es nur der gütige Blick wäre! In jedem Fall gibt der Gütige etwas, ein Gut. Also: Reichtum ja, im Höchstmaß, aber Reichtum hat seine Eigengesetzlichkeit. "Wehe den Reichen" (Lk 6,24; Sir 31,8)! Ihr armen Reichen, ihr habt's verdammt schwer. Reichtum allein genügt nicht. In der Güte münzt sich der Reichtum väterlich, mütterlich den Kindern zu.

Wichtig ist: Wir müssen bei jedem dieser Begriffe ans Ganze denken. "Leben" ist immer noch drin. Nichts von dem, was in dieser Aufstellung aufgeführt ist, was nicht die Fülle der andern Wörter in sich hätte!

Eine Ergänzung zum Wort „bedürftig": Es kommt von „dürfen". Wenn man diesen radikalen Satz formulieren darf: Ein Kind „darf" alles ! Wenn man diesen Satz absolut nimmt im 'ādāmisch-bá'alischen Sinn, dann ist das natürlich eine verheerende Aussage. Ein Kind darf eben nicht alles, man muß ihm auf die Finger klopfen! Trotzdem kann ich sagen: "Ein Kind darf alles", denn es hat ja den andern dort, der es zu sich nimmt, ins Verhältnis setzt, Einfluß hat, es aufhebt. Von dort her wird ihm alles "zugute" kommen. Wir brauchen also keine falsche Sorge zu haben.

Machen wir die Gegenprobe: Du hast ein kleines Kind, hast Güter zu geben, bist Vater, bist Mutter, und das Kind hat keinerlei Verlangen danach; wärst du glücklich? Du bist doch seine Adresse für alle Bedürfnisse, und du ermutigst es. Das ist ein seltsames Zusammenspiel.

Im Umgang mit Kleinstkindern kann man es ja an sich selber beobachten: Was machen wir hier für seltsame Wesen aus uns, lassen sie aus uns machen, nur weil da ein Kind ist! Da sind wir ja gar nicht mehr die Konkurrenten, Rivalen, feindseligen und rachsüchtigen Typen; was finden wir plötzlich für andere Töne! Das Kind hat uns dahin gekriegt, und wenn es uns hat, ist es nicht mehr gefährdet: Es darf alles. Selbst wo es einen Unsinn möchte, werde ich ihm doch den Unsinn zugute kehren. Ich werde dies Wunder erleben dürfen dessen, was bei diesem Zusammenspiel herauskommt, in das Gott mich, uns, gerückt hat. Da kommen Sachen zustande wie Blumen, wie Schönheit, die blüht, unleugbar, in der dreckigsten Welt! Das furchtbare Kinderelend ist dabei nicht geleugnet. Aber auch das läßt sich nicht leugnen: Das sind Quellstellen der Schönheit, das Zusammensein von Kleinkindern und Erwachsenen, wie es auch trotz allem Quatsch, den es gibt, unausrottbar im Sich-Finden der Geschlechter immer wieder dieses Aufblühen der Schönheit gibt im Begegnen der zwei. Das ist unleugbar. Da werden Töne gefunden, Sprache gefunden, die ansonsten ja nicht mehr vorkommen. Das müssen wir sehen und mögen und bejahen und hüten wollen!

Bedürftigkeit also ist aufgehoben in der Güte. „Guter Vater." Jesus sagt: „Was nennst du mich gut? Nur einer ist gut, Gott" (Mk 10,18)! Auf diese Rolle hin läßt Jesus sich nicht ansprechen, weil das nicht an seiner Biologie, an seiner Physis hängt. Er ist nicht gut; Gott hat ihm verliehen, gütig zu sein!

Jeder Vater, jede Mutter muß früher oder später genau diesen Differenzierungsprozeß durchmachen: Das Kind muß über sie hinweg auf die eigentlich gütige Größe zu blicken lernen. Und wenn Wahrheit Wahrheit bleiben soll, dann gilt: Wenn es nur uns hätte, dann hätte es auf die Dauer der Jahre keinen grund-gütigen Menschen. Keiner von uns ist grund-gütig von Natur und Geblüt. Und das Kind käme über die Enttäuschungen nie weg! So kann es über die Enttäuschungen wegkommen, die es an mir hat. Es wird nicht leugnen, daß ich gütig war, mit ihm rumgetollt habe, ihm Freude gemacht habe, das wird es nicht leugnen müssen; aber es wird auch nicht leugnen müssen, daß der mich ungerecht behandelt hat, daß er geschlagen und gebrüllt hat. Aber wenn es rechtzeitig gelernt hat, daß unsereiner ja nur der unzulängliche Anwalt der Güte Gottes ist, dann vermag es, an Gott den Vater sich zu halten.

Viktor Frankl, Begründer der Logotherapie und Existenzanalyse, hat in Wien einen Vortrag gehalten; was er dort gesagt hat, war nachhaltig einleuchtend: Da meinen die Menschen, wenn ein Kind ganz miese Verhältnisse gehabt habe, könne es kein Gottesverhältnis haben. Viktor Frankl sagt: Das stimmt in 50 % der Fälle, und in 50 % der Fälle stimmt es nicht nur nicht, sondern

Menschen, die ein Gottesverhältnis zum guten Vater-Gott gefunden haben, können Menschen sein, die eine ganz schlimme Kindheit gehabt haben.

Aber wer weiß, wer es ihnen rasch hat aufkommen lassen: Menschen sind nur Anwälte der Güte des eigentlich Gütigen. Und inmitten der Elende hat das kleine Herz sich hingeworfen auf die Instanz, die ganz gut ist, und hat gelernt, auszuhalten das Leben so weit, daß es am Ende per Lebensentscheidung diesem guten gütigen Gott zuflog mit entsprechender erwachsener Lebensführung. Und es ist in der Lage, andern gütig zu sein, wo es doch, es selbst, es nicht bekommen hatte! Das ist nicht ausgemacht, daß das unbedingt schieflaufen muß! Der Kanal scheint zu sein: Wenn da irgendwo ein Nachbar, der Pfarrer, ein Lehrer, einem Kind immer wieder begegnet ist, hatte immer ein freundliches Gesicht, hatte manchmal eine Birne oder einen Apfel, manchmal hat er Spaß gemacht: Er wurde Mittler einer gütigen Instanz, die beim leiblichen Vater oder der leiblichen Mutter so nicht sichtbar wurde. Aber ob jener Entdeckung ward's möglich, das Elend zu tragen.
Man soll sich nie, nie außer Dienst wissen! Was weißt denn du, was du mit einer kleinen Freundlichkeit anrichtest, die rein rechnerisch ein Tropfen auf einen heißen Stein ist!

Ein Beispiel: Man geht seiner Wege und will endlich für sich sein, und dann kommt jemand entgegen. Der erste Gedanke ist: Wenn der nur schon vorüber wäre! Und man wendet das Gesicht ab und geht vorbei. Das ist doch eine mögliche Reaktion!

Man probiere aber einmal, sich zu rüsten: Du darfst an dem andern nicht vorbei, ohne in der Lage dessen zu sein, der ihm eine Freundlichkeit zuschickt, und wäre es nur in dir!
Man muß ihn ja nicht äußerlich ansprechen, aber ihm e i n e F r e u n d l i c h k e i t z u d e n k e n . Man sage nicht, das sei nichts!

Für den, der als Vater die ganze Sorge hat, daß jedes jedem gönne, jedes das Seine bekomme, haben die Menschen semitischer Sprache das Wort „Hirte" gefunden. Da ist in Deutsch nicht ganz wiedergegeben, was das hebräisch-semitische rō'ǣh (von der Wurzel r'h, weiden) meint. rō'ǣh ist viel mehr an der Praxis dran: also Nährer, Auf-die-Weide-Führer, Futter-Reicher. Wenn ich „Hirte" sage, dann kommen wir von diesem Wort kaum auf ein Verbum: „Weiden", „auf die Weide führen" hat mit „Hirte" vom Wort her nichts zu tun.

Dagegen ist aber rā'āh, weiden, und rō'ǣh eine einzige Wortwurzel. „Mein Hirt ist Gott der Herr, er wird mich immer weiden": Das ist hebräisch nicht „Hirt" und „weiden", sondern rō'ǣh und rā'āh, die gleiche Wurzel. Beim Wort „Hirte" muß man an die Praxis denken, die Praxis des Hirten: sich kümmern, daß keins zu kurz kommt, daß alle kriegen, das Schwache auch noch. Natürlich ist das Bild aus der Tierwelt genommen, aber alle Großkönige Babyloniens, Assyriens, der Hethiter, die Pharaonen Ägyptens, alle haben sie selbstverständlich diesen Titel „Hirte", „Hirte der Völker". Auch David bekommt dann den Titel „Hirte": „Dann erstelle ich über sie einen einzigen Weidehirten, der sie weiden soll, meinen Knecht David" (Ez 34,23).

Die Könige von Israel werden geschimpft als „schlechte Weidehirten" und man wird ihnen das Hirtenrecht wegnehmen (Ez 34,9.10) und einem Besseren geben, einem „Weidehirten nach dem Herzen Jahwähs" (Jer 3,15; Lk 15,4-6 par Mt 18,12-14; Mk 6,34 par Mt 9,36). Dazu auch Ps 80,2: „Hirt Israels, lausche! Der wie Schafe Josef lenkt, der auf den Cheruben Sitz hat, erscheine!"

Wir sehen, in dem ganzen Spiel, dem Drama „Ereignis", ist die dritte Zeile (Herr, Befehl/Gebot, Erfolg, Walter, Knechte) die heikle Schwelle. Je größer die Not, auch je größer die Zahl der Beteiligten, umso gefährdeter das Palaver, das kurz abgebrochen wird, und um so schlimmer das Angebot, mit schneidigem Befehl über die Köpfe hinweg mit eigenem Erfolgswillen die Probleme zu lösen. Und ehe wir uns versehen, haben wir Angeber und Unfreie. Das muß man sagen: Hier ist die gefährliche Stelle - Erfolg. Erfolg, den müssen wir doch haben, das weißt du doch auch, das wissen wir doch alle. Also halt den Mund, mach mit, los, geschwind! Ehe wir uns versehen, ist das die Stelle, an der wir kippen: Erfolg haben. In der Paradiesgeschichte wird eine 'ādām-Geschichte erzählt und in der 'ādām-Geschichte das Wort "Erfolg", haśkīl verwendet. Dort ist ein Verbum, das heißt: es packen, es greifen. "'iššāh, die Frau, 'griff' die Frucht vom Baum, nahm und aß und gab ihrem Manne mit ihr und der nahm und aß" (Gen 3,6). Hier steht das Wort "Erfolg". Und zuvor (Gen 3,1) hat's geheißen: "Aber die Schlange", die hat das suggeriert. Die Schlange ist báʻal-Symbol. báʻal ist immer möglicherweise, wo es um Richtigkeit geht, um Intelligenz geht, um physische Kraft geht, der Maßgebliche. Hier ist báʻals Chance, immer wieder.

Und dann kann Herrschaft mißraten zu dem, was wir so hassen; und dann kann Knechtschaft mißraten zu dem, was wir so hassen. Man führt noch diese schönen Namen im Mund, Herr und Knecht, und unter der Hand wird daraus ein Diktator, ein totaler Herrscher, und unten Verknechtete, Sklaven. Da kann es mißraten. Und am Ende Ausgleich? Nein: Am Ende führen welche ein Wohlleben und der Rest darbt, bringt seine Kraft ein, Gesundheit ein, Zeit ein, und darbt, und so verendet er am Schluß. Und die anderen, die gepraßt haben, verenden auch. Sie haben den Tod, den ungelösten Tod wieder. Man muß das durchschaut haben. Das, was in der Übersichtsstabelle auf S. 117 mit der Zuordnung der beschriebenen Phasen wiedergegeben ist, ist eine unglaubliche Möglichkeit!

Und nun frage ich noch einmal: Von woher diese Möglichkeit? Was ist hier im Spiel? Woher zündet das? Woher geht das dann, obwohl es nicht "natürlich" ist, bá'alisch natürlich, obwohl jene Stelle unerhört bleibt, eine unerhörte Sache, eine wunderschöne Sache, woher?

Jetzt betrachten wir das noch einmal: "Ereignis" hat es geheißen. Was ist im Ereignis plötzlich, im Nu, unversehens, unvermittelt und zufällig, augenblicks ins Spiel gekommen? Jetzt sage ich generell: Anderes als was báʻalisch verrechenbar ist, Anderes als was die Intelligenz aus sich begreifen könnte, Anderes, Anderheit, Mehr. Und jetzt beschreiben wir das: Es ist kein Ding, also nicht zu 99 ein Hundertstes, nicht zählbar, nicht meßbar, nicht wägbar, geht in keine Ziffer, und ist doch real da und macht alles Anders, macht aus allem Mehr. Da kommt unter uns auf ein ganz bestimmtes Klima, eine Atmosphäre. Wir müssen eine feinere Unterscheidung lernen.

Von Bibeltexten her ist es einfach nötig geworden, das zu unterscheiden: nᵉšāmāh. nᵉšāmāh, was ist das? Geben wir es wieder mit dem Wort Hauch, Hauch des Lebens. Bleiben wir hart dabei bei den neu gelernten Wörtern: Leben, Hauch des Lebens ist Geist der Gemeinschaft, ist Klima der Gemeinschaft, ist Atmosphäre von Gemeinschaft. Lernen wir das wie eine Melodie, üben wir es für uns selber: Das, was in einer Gemeinschaft, die eine ist, so schön ist, so fein ist, so spürbar, das, was uns so ankommt, das, was wir verletzen können und dies Verletzthaben bedauern, was wir wiederherstellen wollen, hüten wollen: Hauch des Lebens. Das Wort "Hauch" ist die Realität; das andere ist noch Beschreibung: "Anderes", "Mehr". Ein "Hauch" ist nicht faßbar in Ziffern und Zahlen, den kannst du nicht messen und nicht wägen, nur spüren, inne sein. Gruppe hat Innigkeit, ein Innen, Inneheit, Hauch, hebräisch nᵉšāmāh. Das, was zwischen uns ist, wenn wir, einander gegenüber, uns angenommen haben, als wie zu eigen angenommen haben, einander gehören, eins werden, Zusammenhalt, ḥaj, haben, ist Hauch des Lebens. "...und blies in seine Nasenlöcher Hauch des Lebens" (Gen 2,7) würde es im Mythos nie heißen. Dort würde es heißen: Und er blies in seine Nasenlöcher den Atem, den Schnauf. Aber in der Bibel heißt es: viel mehr, nämlich "Hauch des Lebens". Also kein Schnauf? Ja doch, aber was ist der Unterschied? Dort, wo jemand aufatmet, weil er befreit ist von der Sorge, von der Not!

Das ist doch unser Zusammenhang hier: Gemeinschaft, befreit werden, frei kommen von der Not, der Sorge - aufatmen. Da ist das nicht nur äußerlich atmen, sondern dieser freie Hauch des Lebens: Zusammenhalt, Gemeinschaft, sich wohlfühlen, darin beheimatet sein. nᵉšāmāh, Hauch des Lebens.

Jetzt haben wir die Frage wieder: Was kommt hier ins Spiel? Eine Atmosphäre, ein Klima, ein Hauch, Hauch des Lebens. Diesen Hauch kannst du nicht physisch festbinden, festlegen. Da sind 99 in einem Boot, und die sind eins worden bis zum Ausgleich, und dazu kommt "Hauch": Das ist anders, das ist mehr. „Hauch des Lebens" ist nicht „Schnauf", „Hauch des Lebens" ist „Aufatmen", d.h. dem Schnauf ist etwas innen, das kannst du nicht messen und wägen. Es ist aus anderem Grund, aus Betroffenheit, da ist was beigemengt. Der bloße Schnauf ist nicht „Hauch des Lebens", sondern „Schnauf des Lebens". Hauch des Lebens: Atmosphäre, Klima. Dann haben wir noch gesagt: Anderes, Mehr. Mehr kommt ins Spiel, Anderes kommt ins Spiel, Hauch des Lebens kommt ins Spiel.

Nun müssen wir fortfahren: Wie denn kommt es ins Spiel? Es kommt ins Spiel und rückt alles zurecht, rückt

in Stellungen, in Rang, in Würde, es führt zum Dienst, gestaltet die Nummern, die x-beliebigen Vielen zu Antlitzen, Personen. Es kommt ins Spiel und zwar so, daß, wenn du davon dich betroffen sein läßt, du daran teil bekommst.
Wenn du dich nicht betroffen sein läßt, hast du keinen Teil dran. Da sagt man: Es kommt un-bedingt ins Spiel, im Doppelklang des deutschen Wortes: unbedingt – nicht errechenbar, und gleichzeitig unbedingt – unausweichlich. Es geht uns an unbedingt, das unbedingt Angehende, das unbedingt Betroffenmachende. Das nennen wir mit der hebräischen Wortwurzel 'ūl, im Hauptwort dann 'ēl. Und 'ēl übersetzen wir mit Gott. Nicht der Intellekt ist es zuerst, der Gott weiß, sondern unser Spüren, Fühlen, Innesein.

Der Erkenntnisvorgang erlaubt sich dann, das Erfahrene zu bezeugen, indem er sich traut, von dem Nichtgreiflichen zu reden mit einem eigenen Namen: Gott. Noch vor unserem intellektuellen Begreifen ist Gott im Spiel.

Wichtig ist dabei, daß wir, wenn wir hier das Wort „Gott", „'ēl" zur Sprache kommen lassen, nicht den dreifaltigen Gott denken, noch nicht einmal den personalen Gott, sondern nur grad dies, was da ganz leise, ganz verschwiegen, bei Gelegenheit, in Situation, als Ereignis ins Spiel kommt wieder und wieder. Gott ist, so gesehen, immer im stummen Andrang. Er kommt ins Spiel in Situation, plötzlich, im Nu und unversehens, unvermittelt und augenblicks – „Der Augenblick ist das Gewand Gottes" sagt Martin Buber -, du weißt nicht woher, du weißt nicht wohin: Jetzt ist er da, jetzt ist er da, so leise, aber zwingend, gestaltend, umwürfelnd alles, den ganzen bá'al-Betrieb unterbrechend und dich durch-

setzend in deine Wahrheit: Du wirst ein wahrer Mensch. Er ist also – was für ein Gott ist er? – der lebendige Gott, der Leben-Gott.
Der Leben-Gott, der lebendige Gott - lernen wir das Wort neu hören und denken! Das ist Gott: Er kommt ins Spiel, so ins Spiel, und wirkt Leben. Er wirkt das Leben. Er gibt dem 'ādām „Hauch des Lebens" und zwar dem vorhandenen 'ādām, nicht einem toten Lehmklumpen den Schnauf, sondern dem schnaufenden 'ādām ein Aufatmen aus der Schuld, ein Aufatmen aus dem Tod, ein Aufatmen aus der Not, ein Aufatmen aus der Ausweglosigkeit. Das ist Gott, der lebendige Gott.

Nun schauen wir uns das Ganze noch einmal an. Da ist nun während der Arbeit unter der Hand entstanden ein „Entwurf von Ereignis" oder, wenn wir das Wort „Situation" beibehalten wollen, ein „Situationsentwurf". Es ist ja ein Entwurf.
In der Übersichtstabelle dazu auf Seite 117 haben wir das Wort „Gott" herausgesetzt. Jetzt steht der Name da, als wäre er eine Zusatzfigur. Das ist das Heikle der Sprache. Die Sprache fingiert dir jetzt, als gäbe es ihn nebendran und er träte da herein so wie du und ich - und jetzt ist es falsch. Wir müssen diese Sprache dauernd zurückführen an die Erfahrensstelle, damit wir niemals aus dem Gespür verlieren, was wir meinen, wenn wir „Gott" sagen! Wir meinen keine Figur nebendran, draußen, außerhalb unserer Not, nie!

So also kommt er ins Spiel und macht aus uns 'ādām-Typen welche, die in einem Dienst stehen und Rang und Würde haben! D.h. er ist einer, der das ganze 'ādāmische Triebwesen, das ganze 'ādāmische Treibewesen, næfæš-

Wesen, lēb-Intelligenz-Wesen beeinflußt. Unter dem Einfluß von Mehr, von Anderem, Gottes, des unbedingt Angehenden, tun wir, treiben wir immer gebrochen, nicht normal egoistisch nur. Immer gebrochener Egoismus! Er ist nicht ausgerottet, er wird immer nur bekehrt und hereingenommen, dienlich gemacht, dienlich gemacht. Wenn nun Gott einbricht mit seiner Anwesenheit, nennt man das Heiligung (hebr. qādōš).

Der da, der Eigner, Meister, Walter, Hirt, ist der Typ, von dem man sagen muß: So einer ist heilig, geheiligt vom heiligenden Gott. Ein 'ādām-Typ, ein næfæš-Typ, ein bāśār-Typ, ein lēb-Typ, Ego-Typ, der worden ist zu einem, der annimmt den andern als wie zu eigen, sich angehen läßt, ihm gehört, der den rechten Umgang versucht mit ihm, ihn zu gewinnen, im „Uns" und „Wir" zu erhalten, der also zum Anwalt wird und Hirt, der ist heilig. Heilig sein ist Praxis im Betrieb! Und wenn Heiligkeit im Betrieb nicht ist, ist sie nicht da.

Und nun das, was der an Glanz bekommt, dieser Glanz, diese Würde, dieser Rang: Er ist herausgehoben, er bedeutet uns Mehr, er bedeutet uns Anderes, er ist kein 'ādām-gescheiter Typ, nein, er bedeutet Mehr, er bedeutet Anderes, unbedingt, an ihm ist Gott, durch ihn ist Gott da, bei ihm ist Gott: Die Erscheinung Gottes ist er. „Erscheinung" heißt doxa, kābōd. Die übliche Übersetzung heißt leider meist „Herrlichkeit". Die Herrlichkeit Gottes ist er, besser: Die Erscheinung Gottes ist er, der Glanz Gottes unter uns ist er, Erscheinung, kābōd.

Gott ist also im Spiel so, daß er aus uns Ego-Typen „Haupt", Einzigartige macht für uns: „König" macht für uns, „Herr" macht für uns, „Vater" macht für uns, „Walter" macht für uns. Wer immer Königs-Funktion

sich hat aufgeben lassen und Herren-Dienst und Vater-Wesen, der ist worden eine Erscheinung Gottes.
Auf den blickend könnten wir sagen: „Erschienen ist uns die Güte und Freundlichkeit unseres Gottes" (Tit 3,4). Wir haben seine, Gottes, Erscheinung gesehen in dem Einen da. Die ganze Christologie ist schon da! Wir haben seine Herrlichkeit gesehen, die „Herrlichkeit als des Eingeborenen vom Vater in Gnade und Wahrheit" (Joh 1,14).

Diesen Rang nun (Haupt, König, Herr, Vater) fassen wir zusammen in einem Wort, nämlich 'īš-'iššāh, in dieser Doppelung. -
Mit „Mann" ist nicht das Geschlechtliche gemeint, sondern die Hauptrolle, als Mann. Alle Begriffe in dieser Spalte sind eine Aufschlüsselung der Sache „Mann-Frau". -

In der anderen Spalte stehen die Dienste, die Funktionen. Das alles ist richten (hebr. šāfáṭ): es gut machen. Kinder richten, Sachen richten, Saal richten, Essen richten. Der Hirt ist die feinste Ausformung des Richters, der den Tisch deckt!

Dieser ganze Bereich „Ereignis" ist ein in Betroffenheit gewußter, gefühlter, geschauter Bereich. Wer sich nicht betroffen sein läßt, weiß davon nichts. Er schaut hin und sieht die, und sieht nichts. Da schauen welche Jesus und sehen nichts. Andere schauen hin und sehen Gottes Glanz! Es kommt auf die Augen an, ob sie die Augen des Betroffenen sind oder des Gleichgültigen. Jetzt nennen wir diesen ganzen Betroffenheitsbereich vorweg einmal Reich Gottes, Himmelreich. „Wenn ihr nicht werdet wie die Kinder, habt ihr keinen Teil daran" (Mt 18,3).

Und nun soll noch ein letzter Gedankengang zur Sprache kommen. Es sind lauter bekannte Ausdrücke, die hier anfallen, aber sie werden geortet.

Versetzen wir uns kurz in die Situation des David: Der David war ein 'ādām – ich sage Bekanntes. Er war ein Unbetroffener zunächst. Als Unbetroffener war er im Superformat 'ādām. Und dann ist es passiert: Plötzlich, im Nu, unversehens, augenblicks, unbedingt geriet er den verlorenen Vielen in die Position des 'īš, in den Dienst des Richters, und hatte die andern als Kinder, Genossen, Knechte, Brüder.
Und jetzt stellt sich die Frage noch einmal:

        Wie kam dem David Gott zu?

Denn wenn er vorher ein Engagierter gewesen wäre, mit in einem Boot sitzend, hätten wir nicht lange überlegt, wie man in Hunderten, in Tausenden von Fällen nicht überlegt hat. Aber jetzt reden wir eigens noch einmal von dieser Hauptstellung, diesem „Mann", und entdecken nun wunderbare Sachen:

Erste Aussage: Dieser **'ādām** David gerät in die Rolle dessen, der von dem Gott ist ganz und gar angerührt, betroffen, im Augenblick rückgeführt auf seinen Grundzustand bāśār, **Fleisch**, nackt, und, wenn er sich darauf einließ, bar all dessen, was er hatte – es war ja von Gott gegeben -, also **tot**.

Nächste Aussage: Dieser David trat aus sich heraus, er verließ sich darauf, er nahm an zu eigen. Er war nun, dieser 'ādām David, in Bund genommen worden vom Herrn Jahwäh, angenommen als wie zu eigen. Wir reden jetzt von David, er hat nun dieses Eigentümliche: Mit ihm kam Gott ins Spiel, mit ihm, so, daß er nun Gott gehört als dem Herrn. Gott hat ihn zu eigen angenommen, ihn, den 'ādām, der also bāśār, nackt, tot war, ins Leben geholt: ḥaj. Wir reden jetzt von Leben, **Zusammenhalt** zwischen David, dem 'ādām, und dem Gott in Sonderheit: Zusammenhalt, **Leben** in Sonderheit. Er ist also worden **Kind** Gottes.

Dann ist er worden gesandt: denen zubestellt: **Knecht**. Und dann ist er worden ein „Ge-gegenüberter", denen gegenübert, dem Herrn **gegenübert**, also nāgīd (2 Sam 7,8; meist mit ‚Fürst' übersetzt).

Und er ist worden einer, der **in die Verantwortung genommen** ist, ein ʿānī (Sach 9,9), und einer, der **zu tragen hat**, ein nāśī' (Jes 53,4.12). Und Gott ist geworden **Vater, Herr**.

Es schließt sich nun die Hauptrolle bei David in ihrer Innenstruktur auf: So ist das, wenn einer in Hauptrolle gerät. Da ist all das, was er als Richter tut, Knechtsdienst, und alles was er als „Mann" tut, ist Repräsentation Gottes. Er repräsentiert denen dort Gott in seinem Haupt-, König-, Herr- und Vater-Wesen: „Wer mich sieht, sieht den Vater" (Joh 14,9; 12,45).

Und er repräsentiert Gott in diesen Diensten. Die Christologie ist nun rein und klar in ihrer Struktur sichtbar geworden.

Jetzt das Besondere: Bei David ist das lediglich aufgebrochen in die Reflexion. Aber vorhanden war es seit Urzeiten in kleinsten, kleinsten Situationen prinzipiell immer schon! In Christus werden wir zurückgeführt in diese elementare, längst vor-bá'alische, vor-'ādāmische, vorstaatliche Ordnung Gottes.

Nun noch das Letzte. Fragt man: Wie kommt Gott dem zu? Was ist da dazwischen? Wie nennen wir die Zumutung Gottes als des Herrn an den Knecht, die Zumutung, das, was da hereindrängt und schiebt und bewegt und motiviert? Wie nennen wir die Zumutung Gottes, des Herrn? Die Sache heißt nachher „Bund", aber die Zumutung heißt „Geist", rū^{a}ḥ. Jetzt können wir alle Geist-Stellen des AT und des NT unterbringen: „Auf den gebe ich meinen Geist" (Jes 42,1). „Auf ihm ruht mein Geist" (Jes 11,2). „Ich sah den Geist Gottes herabkommen auf ihn" (Joh 1,32). „Du sendest deinen Geist und alle Wesen leben auf, und du erneuerst der Erde Angesicht" (Ps 104.30). Der Geist des Herrn, so heißt es, erfüllt die Herzen, zuerst das Herz des Einen, und der nun teilt den Geist aus an alle. Das ist die Alternative. Das wäre eine Alternativ-Gesellschaft. Das ist eine Alternativ-Gesellschaft! Das Gegenteil wäre die Anspruchsgesellschaft in allen Variationen, der Habenden und der Nicht-Habenden. Das ist die wirkliche Alternative: die Gönnens-Gesellschaft, die Tragens-Gesellschaft, die Mitbedenkens-Gesellschaft, die Rücksichtnahme-Gesellschaft. Man sage nicht, das sei nicht praktisch! Gott ist in einer elementaren Weise praktisch.
Er ist der ICH-BIN-DA, das ist sein Name (Ex 3,14a.15b).

Verzeichnis der hebräischen Wörter in Umschrift

		Seite
'ādām	der Mensch	17f; 25f; 67f; 103f
bá'al	Baal (Naturkraft personifiziert), Meister	18; 67f
bāśār	Fleisch	19; 83
nǽfæš	Tendenz, Trieb	20; 83
lēb	Herz, Verstand, Einfühlungsvermögen	20; 83
lāqáḥ	nehmen	29
hæ'ᵆmīn	trauen	29f
'ᵆmæt	Treue (des Herrn)	29
'ᵆmūnāh	Treue (des Knechts)	29
ḥaj	Leben (Zusammenhalt)	33;100;101;107
ṣaddīq	bewährt	35
pānīm	Antlitz	40
rōš	Hauptperson	41
bēn	Kind (der Gruppe)	43f
jōnēq	Säugling	45
jǽlæd	Neugezeugtes	45
qǽræb	Innen	49
nᵉšāmāh	Hauch	49; 100
nǽfæš ḥajjāh	lebendes Wesen	49
ḥōq	Gesetz	51
nāḥāh	leiten	54
gā'āh	hochgestellt sein	55
šāfēl	niedrig	55
nā'īm	mild	57

jāfāh	schön	57
'am	Volk	59f
gōj	Nation	60
mǽlæḵ	König	61
dābār	Rede	69
'ōlām	Weltzeit	69
qāṭōn	klein	72
pǽlæ'	Wunder	72
hōḵīᵃḥ	Gewinnen-Wollen, Ausgleich	72; 84;891; 103
haśkīl	Erfolg	73
'ādōn	Herr	74
'ᵃdōnāj	(mein) Herr	74
mōšēl	Walter	78
miṣwāh	Befehl Gebot	79
bar	strikt	79
ná'ar	Knabe, Knappe, Ausführender	79
dal	schwach	82
'āṣūm	stark	82
tōrāh	Weisung	88; 90
šālōm	Friede	88: 89
'āb	Vater	90
'æbjōn	bedürftig	92
'aḥīm/'āḥōt	Brüder/Schwestern	92
ṭōb	gut	93
rō'ǽh	Hirte	97
rā'āh	weiden	97

Jahwäh	Der-Da-Ist	106
ʼēl	Gott	102
qādōš	Heiligung	104
kābōd	Erscheinung	104
ʼīš/ʼiššāh	Hauptrolle als Mann/Frau	105; 106
šāpát	richten	105
nāgīd	Gegegenüberter	107
ʻānī	in Verantwortung Genommener	107
nāśīʼ	einer, der zu tragen hat	107
rūᵃḥ	Geist: Zumutung des Herrn an den Knecht in der Stunde der Berufung	108

Schriftstellenverzeichnis   Seite

Gen 11,27 ff	17
Gen 15,6	36
Gen 2,7	49
Gen 27,39.40	75
Gen 3,6	98
Gen 3,1	99
Gen 2,7	100
Ex 23,21	49
Ex 33,3	49
Ex 34,9.10	49
Ex 3,14a.15b	108
Dtn 30,11 ff	52
1 Sam 1 u. 3	88
2 Sam 23,3	78
2 Sam 7,8	107
Ps 17,15	40
Ps 2,7	45
Ps 139,10	54
Ps 135,3	57
Ps 133,1	57
Ps 45,3	57
Ps 98,1	73
Ps 19,9	79
Ps 2,8	82
Ps 80,2	98
Ps 104,30	108

Sir 31,8	93
Jes 7,9	36
Jes 9,5	46
Jes 40,10	82
Jes 11,1-5	84
Jes 2,4	84
Jes 42,1	108
Jes 11,2	108
Jes. 53, 4.12	107
Jer 3,15	98
Ez 34,23	97
Ez 34,9.10	98
Hab 2,4b	36
Zeph 3,15.17	49
Sach 9,9	107
Mt 19,28	57
Mt 23,37	56; 71
Mt 13,30	72
Mt 9,36	98
Mt 18,12-14	98
Mt 18,3	105

Mk 9,35 56
Mk 10,18 95
Mk 6,34 98

Lk 27,24-27 57
Lk 6,24 93
Lk 15,4-6 98

Joh 10,8.11.12.16 36
Joh 21,18 54
Joh 13,27 72
Joh 1,14 105
Joh 14,9; 12,45 107
Joh 1,32 108

Röm 15,4 71

2 Kor 12,9 82

Phil 2,6-11 56: 88

Tit 3,4 105

Tabelle zu „Entwurf von Ereignis"

				Situation Ereignis Gelegenheit			
Rang Mann/Frau 'īš / 'iššāh ▼				Viele durcheinander rabbīm	Dienst (zur Verfügung sein) ▼		
				in summa: TRAUEN hæ'ᵃmīn			
Haupt rōš	hoch (Ausstrahlung; erhaben sein: gā'āh)	Gesetz ḥōq	apodiktisch (selbstverständlich)	Leben (Einheit) zueinander ḥaj	Eigner annehmen lāqáḥ (zu eigen annehmen: nāḥāh)	niedrig šāpēl	Kinder bānīm
König mǽlæk	groß gādōl	Rede Beschluß dābār	verbindlich (für jetzt unter uns)	Volk (Einigkeit) miteinander 'am	Meister bá'al	klein qāṭōn	Genosse 'āmīt
Herr ᵃdōnāj	stark der Bedrohung sich stellen 'āṣūm	Gebot Befehl miṣwāh	strikt, richtig lauter bar (Ps 19,9)	Erfolg haśkīl	Walter mōšēl	schwach dal	Ausführender ná'ar
Vater (Mutter) 'āb	gut ṭōb	Weisung tōrāh	gütig	Ausgleich füreinander hōkrᵉḥ	Hirte rō'ǣh	bedürftig 'æbjōn	Bruder (Schwester) 'āḥ
▲ Erscheinung kābōd				ANDERES			
				MEHR		▲	
				HAUCH nᵉšāmāh	Heilig(ung) qādōš		
				◄ GOTT 'ēl ►			

Klaus P. Fischer

"DAS IST MEIN LEIB, MEIN BLUT"

Die Eucharistie -
Einführung in ihr Verständnis

Klaus P. Fischer

Auferstehung der Toten

Einführung in den Grund des Glaubens

Klaus P. Fischer

Christsein als Abenteuer
Über Selbstfindung durch Glauben

Klaus P. Fischer

Begegnet Gott im Schicksal?

www.adlerstein-verlag.de

Hermann Seifermann

Die Entdeckung Gottes in der Bibel

Das Wort „Gott" ist zum Fremd-Wort geworden. Der heutige Mensch lebt im Gefühl, die weite Welt genügend erforscht zu haben, ohne auf ´so etwas wie Gott` zu stoßen. In den Kirchen wird aber weithin von und über Gott gesprochen, als könne jede(r) wissen, was mit „Gott" gemeint sei. In vielen Zuhörern kommt dabei Langeweile auf: „Gott" wirkt auf sie wie ein theoretisches Konstrukt – ohne Leben, ohne Dynamik, ohne Bodenhaftung. Der Autor, der sein Leben lang die Zeugnisse der Bibel erforschte, fragt danach, was für besondere, ja unvergleichliche Erfahrungen in Menschenleben, Welt und Geschichte die Menschen des biblischen Raumes machten, bis ihnen schließlich aufging, dass sie vor Gott geraten waren. Die bei diesen Forschungen gewonnenen Einsichten sind so elementargrundsätzlich, dass sie „eine Grundorientierung für unser Reden von Gott heute" (Hermann Seifermann) bieten.

ISBN 978-3-8448-1413-2, 120 Seiten, € 9,90